MW01093476

www.pinhok.com

Introduction

This Book

This vocabulary book is a curated word frequency list with 2000 of the most commonly used words and phrases. It is not a conventional all-in-one language learning book but rather strives to streamline the learning process by concentrating on early acquisition of the core vocabularies. The result is a unique vocabulary book ideal for driven learners and language hackers.

Who this book is for

This book is for beginners and intermediate learners who are self-motivated and willing to spend 15 to 20 minutes a day on learning vocabularies. The simple structure of this vocabulary book is the result of taking all unnecessary things out allowing the learning effort to solely be spent on the parts that help you make the biggest progress in the shortest amount of time. If you are willing to put in 20 minutes of learning every day, this book is very likely the single best investment you can make if you are at a beginner or intermediate level. You will be amazed at the speed of progress within a matter of just weeks of daily practice.

Who this book is not for

This book is not for you if you are an advanced learner. In this case, please go to our website or search for our vocabulary book which comes with more vocabularies and is grouped by topic which is ideal for advanced learners who want to improve their language capabilities in certain fields.

Furthermore, if you are looking for an all in one learning book that guides you through the various steps of learning a new language, this book is most likely also not what you are looking for. This book contains vocabularies only and we expect buyers to learn things like grammar and pronunciation either from other sources or through language courses. The strength of this book is its focus on quick acquisition of core vocabularies which comes at the expense of information many people might expect in a conventional language learning book. Please be aware of this when making the purchase.

How to use this book

This book is ideally used on a daily basis, reviewing a set number of pages in each session. The book is split into sections of 25 vocabularies which allows you to step by step progress through the book. Let's for example say you are currently reviewing vocabularies 101 to 200. Once you know vocabularies 101 to 125 very well, you can start learning vocabularies 201 to 225 and on the next day skip 101-125 and continue reviewing vocabularies 126 to 225. This way, step by step, you will work your way through the book and your language skills will jump with each page you master.

Pinhok Languages

Pinhok Languages strives to create language learning products that support learners around the world in their mission of learning a new language. In doing so, we combine best practice from various fields and industries to come up with innovative products and material.

The Pinhok Team hopes this book can help you with your learning process and gets you to your goal faster. Should you be interested in finding out more about us, please go to our website www.pinhok.com. For feedback, error reports, criticism or simply a quick "hi", please also go to our website and use the contact form.

Disclaimer of Liability

I	én
you (singular)	te
he	ő
she	ő
it	ez/az
we	mi
you (plural)	ti
they	ők
what	mi
who	ki
where	hol
why	miért
how	hogyan
which	melyik
when	mikor
then	akkor
if	ha
really	igazán
but	de
because	mert
not	nem
this	ez
I need this	Szükségem van erre
How much is this?	Ez mennyibe kerül?
that	az

all	minden
or	vagy
and	és
to know	**tudni** (tud, tudni, tudott)
I know	Tudom
I don't know	Nem tudom
to think	**gondolkodni** (gondolkodik, gondolkodni, gondolkodott)
to come	**jönni** (jön, jönni, jött)
to put	**rakni** (rak, rakni, rakott)
to take	**vinni** (visz, vinni, vitt)
to find	**találni** (talál, találni, talált)
to listen	**hallgatni** (hallgat, hallgatni, hallgatott)
to work	**dolgozni** (dolgozik, dolgozni, dolgozott)
to talk	**beszélni** (beszél, beszélni, beszélt)
to give (somebody something)	**adni** (ad, adni, adott)
to like	**kedvelni** (kedvel, kedvelni, kedvelt)
to help	**segíteni** (segít, segíteni, segített)
to love	**szeretni** (szeret, szeretni, szeretett)
to call	**felhívni** (felhív, felhívni, felhívott)
to wait	**várni** (vár, várni, várt)
I like you	Kedvellek
I don't like this	Ez nem tetszik
Do you love me?	Szeretsz engem?
I love you	Szeretlek
0	nulla

51 - 75

1	egy
2	kettő
3	három
4	négy
5	öt
6	hat
7	hét
8	nyolc
9	kilenc
10	tíz
11	tizenegy
12	tizenkettő
13	tizenhárom
14	tizennégy
15	tizenöt
16	tizenhat
17	tizenhét
18	tizennyolc
19	tizenkilenc
20	húsz
new	új
old (not new)	régi
few	kevés
many	sok
how much?	mennyi?

76 - 100

how many?	hány?
wrong	helytelen
correct	helyes
bad	rossz
good	jó
happy	boldog
short (length)	rövid
long	hosszú
small	kicsi
big	nagy
there	ott
here	itt
right	jobb
left	bal
beautiful	szép
young	fiatal
old (not young)	öreg
hello	helló
see you later	majd még találkozunk
ok	rendben
take care	vigyázz magadra
don't worry	ne aggódj
of course	persze
good day	jó napot
hi	szia

101 - 125

bye bye	viszlát
good bye	viszontlátásra
excuse me	elnézést
sorry	sajnálom
thank you	köszönöm
please	kérem
I want this	akarom ezt
now	most
afternoon	délután (délután, délutánt, délutánok, délutánja)
morning (9:00-11:00)	délelőtt (délelőtt, délelőttöt, délelőttök, délelőttje)
night	éjjel (éjjel, éjjelt, éjjelek, éjjele)
morning (6:00-9:00)	reggel (reggel, reggelt, reggelek, reggele)
evening	este (este, estét, esték, estéje)
noon	dél (dél, delet, delek, dele)
midnight	éjfél (éjfél, éjfélt, éjfélek, éjfélje)
hour	óra (óra, órát, órák, órája)
minute	perc (perc, percet, percek, perce)
second (time)	másodperc (másodperc, másodpercet, másodpercek, másodperce)
day	nap (nap, napot, napok, napja)
week	hét (hét, hetet, hetek, hete)
month	hónap (hónap, hónapot, hónapok, hónapja)
year	év (év, évet, évek, éve)
time	idő (idő, időt, idők, ideje)
date (time)	dátum (dátum, dátumot, dátumok, dátuma)
the day before yesterday	tegnapelőtt

126 - 150

yesterday	tegnap
today	ma
tomorrow	holnap
the day after tomorrow	holnapután
Monday	hétfő (hétfő, hétfőt, hétfők, hétfője)
Tuesday	kedd (kedd, keddet, keddek, keddje)
Wednesday	szerda (szerda, szerdát, szerdák, szerdája)
Thursday	csütörtök (csütörtök, csütörtököt, csütörtökök, csütörtökje)
Friday	péntek (péntek, pénteket, péntekek, péntekje)
Saturday	szombat (szombat, szombatot, szombatok, szombatja)
Sunday	vasárnap (vasárnap, vasárnapot, vasárnapok, vasárnapja)
Tomorrow is Saturday	Holnap szombat
life	élet (élet, életet, életek, élete)
woman	nő (nő, nőt, nők, nője)
man	férfi (férfi, férfit, férfiak, férfija)
love	szeretet (szeretet, szeretetet, szeretetek, szeretete)
boyfriend	barát (barát, barátot, barátok, barátja)
girlfriend	barátnő (barátnő, barátnőt, barátnők, barátnője)
friend	barát (barát, barátot, barátok, barátja)
kiss	csók (csók, csókot, csókot, csókja)
sex	szex (szex, szexet, szexek, szexe)
child	gyermek (gyermek, gyermeket, gyermekek, gyermeke)
baby	kisbaba (kisbaba, kisbabát, kisbabák, kisbabája)
girl	lány (lány, lányt, lányok, lánya)
boy	fiú (fiú, fiút, fiúk, fiúja)

151 - 175

mum	**anyu** (anyu, anyut, anyuk, anyuja)
dad	**apu** (apu, aput, apuk, apja)
mother	**anya** (anya, anyát, anyák, anyja)
father	**apa** (apa, apát, apák, apja)
parents	**szülők** (szülő, szülőt, szülők, szüleje)
son	**fiú** (fiú, fiút, fiúk, fiúja)
daughter	**lány** (lány, lányt, lányok, lánya)
little sister	**húg** (húg, húgot, húgok, húga)
little brother	**öcs** (öcs, öccsét, öcsök, öccse)
big sister	**nővér** (nővér, nővért, nővérek, nővére)
big brother	**báty** (báty, bátyát, bátyák, bátyja)
to stand	**állni** (áll, állni, állt)
to sit	**ülni** (ül, ülni, ült)
to lie	**feküdni** (fekszik, feküdni, feküdt)
to close	**zárni** (zár, zárni, zárt)
to open (e.g. a door)	**nyitni** (nyit, nyitni, nyitott)
to lose	**veszíteni** (veszít, veszíteni, veszített)
to win	**nyerni** (nyer, nyerni, nyert)
to die	**meghalni** (meghal, meghalni, meghalt)
to live	**élni** (él, élni, élt)
to turn on	**bekapcsolni** (bekapcsol, bekapcsolni, bekapcsolt)
to turn off	**kikapcsolni** (kikapcsol, kikapcsolni, kikapcsolt)
to kill	**ölni** (öl, ölni, ölt)
to injure	**megsérülni** (megsérül, megsérülni, megsérült)
to touch	**megérinteni** (megérint, megérinteni, megérintett)

176 - 200

to watch	**nézni** (néz, nézni, nézett)
to drink	**inni** (iszik, inni, ivott)
to eat	**enni** (eszik, enni, evett)
to walk	**járni** (jár, járni, járt)
to meet	**találkozni** (találkozik, találkozni, találkozott)
to bet	**fogadni** (fogad, fogadni, fogadott)
to kiss	**csókolni** (csókol, csókolni, csókolt)
to follow	**követni** (követ, követni, követett)
to marry	**házasodni** (házasodik, házasodni, házasodott)
to answer	**válaszolni** (válaszol, válaszolni, válaszolt)
to ask	**kérdezni** (kérdez, kérdezni, kérdezett)
question	**kérdés**
company	**cég** (cég, céget, cégek, cége)
business	**üzlet** (üzlet, üzletet, üzletek, üzlete)
job	**állás** (állás, állást, állások, állása)
money	**pénz** (pénz, pénzt, pénzek, pénze)
telephone	**telefon** (telefon, telefont, telefonok, telefonja)
office	**iroda** (iroda, irodát, irodák, irodája)
doctor	**doktor** (doktor, doktort, doktorok, doktora)
hospital	**kórház** (kórház, kórházat, kórházak, kórháza)
nurse	**nővér** (nővér, nővért, nővérek, nővére)
policeman	**rendőr** (rendőr, rendőrt, rendőrök, rendőre)
president (of a state)	**elnök** (elnök, elnököt, elnökök, elnöke)
white	**fehér**
black	**fekete**

201 - 225

red	piros
blue	kék
green	zöld
yellow	sárga
slow	lassú
quick	gyors
funny	vicces
unfair	igazságtalan
fair	igazságos
difficult	nehéz
easy	könnyű
This is difficult	Ez nehéz
rich	gazdag
poor	szegény
strong	erős
weak	gyenge
safe (adjective)	biztonságos
tired	fáradt
proud	büszke
full (from eating)	jóllakott
sick	beteg
healthy	egészséges
angry	dühös
low	alacsony
high	magas

straight (line)	egyenes
every	minden
always	mindig
actually	valójában
again	ismét
already	már
less	kevesebb
most	legtöbb
more	több
I want more	Többet akarok
none	semmi
very	nagyon
animal	állat (állat, állatot, állatok, állata)
pig	disznó (disznó, disznót, disznók, disznaja)
cow	tehén (tehén, tehenet, tehenek, tehene)
horse	ló (ló, lovat, lovak, lova)
dog	kutya (kutya, kutyát, kutyák, kutyája)
sheep	juh (juh, juhot, juhok, juha)
monkey	majom (majom, majmot, majmok, majma)
cat	macska (macska, macskát, macskák, macskája)
bear	medve (medve, medvét, medvék, medvéje)
chicken (animal)	csirke (csirke, csirkét, csirkék, csirkéje)
duck	kacsa (kacsa, kacsát, kacsák, kacsája)
butterfly	pillangó (pillangó, pillangót, pillangók, pillangója)
bee	méh (méh, méhet, méhek, méhe)

fish (animal)	hal (hal, halat, halak, hala)
spider	pók (pók, pókot, pókok, pókja)
snake	kígyó (kígyó, kígyót, kígyók, kígyója)
outside	kint
inside	bent
far	messze
close	közel
below	alul
above	felett
beside	mellett
front	elől
back (position)	hátul
sweet	édes
sour	savanyú
strange	furcsa
soft	puha
hard	kemény
cute	aranyos
stupid	hülye
crazy	őrült
busy	elfoglalt
tall	magas
short (height)	alacsony
worried	aggódó
surprised	meglepődött

cool	higgadt
well-behaved	illedelmes
evil	gonosz
clever	okos
cold (adjective)	hideg
hot (temperature)	forró
head	fej (fej, fejet, fejek, feje)
nose	orr (orr, orrot, orrok, orra)
hair	haj (haj, hajat, hajak, haja)
mouth	száj (száj, szájat, szájak, szája)
ear	fül (fül, fület, fülek, füle)
eye	szem (szem, szemet, szemek, szeme)
hand	kéz (kéz, kezet, kezek, keze)
foot	lábfej (lábfej, lábfejet, lábfejek, lábfeje)
heart	szív (szív, szívet, szívek, szíve)
brain	agy (agy, agyat, agyak, agya)
to pull (... open)	húzni (húz, húzni, húzott)
to push (... open)	tolni (tol, tolni, tolt)
to press (a button)	megnyomni (megnyom, megnyomni, megnyomott)
to hit	megütni (megüt, megütni, megütött)
to catch	elkapni (elkap, elkapni, elkapott)
to fight	harcolni (harcol, harcolni, harcolt)
to throw	dobni (dob, dobni, dobott)
to run	futni (fut, futni, futott)
to read	olvasni (olvas, olvasni, olvasott)

301 - 325

to write	**írni** (ír, írni, írt)
to fix	**megjavítani** (megjavít, megjavítani, megjavított)
to count	**számolni** (számol, számolni, számolt)
to cut	**vágni** (vág, vágni, vágott)
to sell	**eladni** (elad, eladni, eladott)
to buy	**vásárolni** (vásárol, vásárolni, vásárolt)
to pay	**fizetni** (fizet, fizetni, fizetett)
to study	**tanulni** (tanul, tanulni, tanult)
to dream	**álmodni** (álmodik, álmodni, álmodott)
to sleep	**aludni** (alszik, aludni, aludt)
to play	**játszani** (játszik, játszani, játszott)
to celebrate	**ünnepelni** (ünnepel, ünnepelni, ünnepelt)
to rest	**pihenni** (pihen, pihenni, pihent)
to enjoy	**élvezni** (élvez, élvezni, élvezett)
to clean	**tisztítani** (tisztít, tisztítani, tisztított)
school	**iskola** (iskola, iskolát, iskolák, iskolája)
house	**ház** (ház, házat, házak, háza)
door	**ajtó** (ajtó, ajtót, ajtók, ajtaja)
husband	**férj** (férj, férjet, férjek, férje)
wife	**feleség** (feleség, feleséget, feleségek, felesége)
wedding	**esküvő** (esküvő, esküvőt, esküvők, esküvője)
person	**személy** (személy, személyt, személyek, személye)
car	**autó** (autó, autót, autók, autója)
home	**otthon** (otthon, otthont, otthonok, otthona)
city	**város** (város, várost, városok, városa)

number	szám (szám, számot, számok, száma)
21	huszonegy
22	huszonkettő
26	huszonhat
30	harminc
31	harmincegy
33	harminchárom
37	harminchét
40	negyven
41	negyvenegy
44	negyvennégy
48	negyvennyolc
50	ötven
51	ötvenegy
55	ötvenöt
59	ötvenkilenc
60	hatvan
61	hatvanegy
62	hatvankettő
66	hatvanhat
70	hetven
71	hetvenegy
73	hetvenhárom
77	hetvenhét
80	nyolcvan

81	nyolcvanegy
84	nyolcvannégy
88	nyolcvannyolc
90	kilencven
91	kilencvenegy
95	kilencvenöt
99	kilencvenkilenc
100	száz
1000	ezer
10.000	tízezer
100.000	százezer
1.000.000	egymillió
my dog	az én kutyám
your cat	a te macskád
her dress	az ő ruhája
his car	az ő autója
its ball	az ő labdája
our home	a mi otthonunk
your team	a ti csapatotok
their company	az ő cégük
everybody	mindenki
together	együtt
other	más
doesn't matter	nem számít
cheers	egészségedre

376 - 400

relax	nyugi
I agree	egyetértek
welcome	isten hozta
no worries	semmi gond
turn right	fordulj jobbra
turn left	fordulj balra
go straight	menj egyenesen
Come with me	gyere velem
egg	tojás (tojás, tojást, tojások, tojása)
cheese	sajt (sajt, sajtot, sajtok, sajtja)
milk	tej (tej, tejet, tejek, teje)
fish (to eat)	hal (hal, halat, halak, hala)
meat	hús (hús, húst, húsok, húsa)
vegetable	zöldség (zöldség, zöldséget, zöldségek, zöldsége)
fruit	gyümölcs (gyümölcs, gyümölcsöt, gyümölcsök, gyümölcse)
bone (food)	csont (csont, csontot, csontok, csontja)
oil	olaj (olaj, olajat, olajok, olaja)
bread	kenyér (kenyér, kenyeret, kenyerek, kenyere)
sugar	cukor (cukor, cukrot, cukrok, cukra)
chocolate	csokoládé (csokoládé, csokoládét, csokoládék, csokoládéja)
candy	cukorka (cukorka, cukorkát, cukorkák, cukorkája)
cake	torta (torta, tortát, torták, tortája)
drink	ital (ital, italt, italok, itala)
water	víz (víz, vizet, vizek, vize)
soda	ásványvíz (ásványvíz, ásványvizet, ásványvizek, ásványvize)

401 - 425

coffee	kávé (kávé, kávét, kávék, kávéja)
tea	tea (tea, teát, teák, teája)
beer	sör (sör, sört, sörök, söre)
wine	bor (bor, bort, borok, bora)
salad	saláta (saláta, salátát, saláták, salátája)
soup	leves (leves, levest, levesek, levese)
dessert	desszert (desszert, desszertet, desszertek, desszertje)
breakfast	reggeli (reggeli, reggelit, reggelik, reggelije)
lunch	ebéd (ebéd, ebédet, ebédek, ebédje)
dinner	vacsora (vacsora, vacsorát, vacsorák, vacsorája)
pizza	pizza (pizza, pizzát, pizzák, pizzája)
bus	busz (busz, buszt, buszok, busza)
train	vonat (vonat, vonatot, vonatok, vonata)
train station	vasútállomás (vasútállomás, vasútállomást, vasútállomások, vasútállomása)
bus stop	buszmegálló (buszmegálló, buszmegállót, buszmegállók, buszmegállója)
plane	repülő (repülő, repülőt, repülők, repülője)
ship	hajó (hajó, hajót, hajók, hajója)
lorry	teherautó (teherautó, teherautót, teherautók, teherautója)
bicycle	bicikli (bicikli, biciklit, biciklik, biciklije)
motorcycle	motorbicikli (motorbicikli, motorbiciklit, motorbiciklik, motorbiciklije)
taxi	taxi (taxi, taxit, taxik, taxija)
traffic light	közlekedési lámpa (lámpa, lámpát, lámpák, lámpája)
car park	parkoló (parkoló, parkolót, parkolók, parkolója)
road	út (út, utat, utak, útja)
clothing	ruházat (ruházat, ruházatot, ruházatok, ruházata)

shoe	cipő (cipő, cipőt, cipők, cipője)
coat	kabát (kabát, kabátot, kabátok, kabátja)
sweater	pulóver (pulóver, pulóvert, pulóverek, pulóvere)
shirt	ing (ing, inget, ingek, inge)
jacket	dzseki (dzseki, dzsekit, dzsekik, dzsekije)
suit	öltöny (öltöny, öltönyt, öltönyök, öltönye)
trousers	nadrág (nadrág, nadrágot, nadrágok, nadrágja)
dress	ruha (ruha, ruhát, ruhák, ruhája)
T-shirt	póló (póló, pólót, pólók, pólója)
sock	zokni (zokni, zoknit, zoknik, zoknija)
bra	melltartó (melltartó, melltartót, melltartók, melltartója)
underpants	alsónadrág (alsónadrág, alsónadrágot, alsónadrágok, alsónadrágja)
glasses	szemüveg (szemüveg, szemüveget, szemüvegek, szemüvege)
handbag	kézitáska (kézitáska, kézitáskát, kézitáskák, kézitáskája)
purse	pénztárca (pénztárca, pénztárcát, pénztárcák, pénztárcája)
wallet	tárca (tárca, tárcát, tárcák, tárcája)
ring	gyűrű (gyűrű, gyűrűt, gyűrűk, gyűrűje)
hat	kalap (kalap, kalapot, kalapok, kalapja)
watch	karóra (karóra, karórát, karórák, karórája)
pocket	zseb (zseb, zsebet, zsebek, zsebe)
What's your name?	Mi a neved?
My name is David	A nevem David
I'm 22 years old	22 éves vagyok
How are you?	Hogy vagy?
Are you ok?	Jól vagy?

451 - 475

Where is the toilet?	Hol van a mosdó?
I miss you	Hiányzol
spring	tavasz (tavasz, tavaszt, tavaszok, tavasza)
summer	nyár (nyár, nyarat, nyarak, nyara)
autumn	ősz (ősz, őszt, őszek, ősze)
winter	tél (tél, telet, telek, tele)
January	január (január, januárt, januárok, januárja)
February	február (február, februárt, februárok, februárja)
March	március (március, márciust, márciusok, márciusa)
April	április (április, áprilist, áprilisok, áprilisa)
May	május (május, májust, májusok, májusa)
June	június (június, júniust, júniusok, júniusa)
July	július (július, júliust, júliusok, júliusa)
August	augusztus (augusztus, augusztust, augusztusok, augusztusa)
September	szeptember (szeptember, szeptembert, szeptemberek, szeptembere)
October	október (október, októbert, októberek, októbere)
November	november (november, novembert, novemberek, novembere)
December	december (december, decembert, decemberek, decembere)
shopping	vásárlás (vásárlás, vásárlást, vásárlások, vásárlása)
bill	számla (számla, számlát, számlák, számlája)
market	piac (piac, piacot, piacok, piaca)
supermarket	szupermarket (szupermarket, szupermarketet, szupermarketek, szupermarketje)
building	épület (épület, épületet, épületek, épülete)
apartment	lakás (lakás, lakást, lakások, lakása)
university	egyetem (egyetem, egyetemet, egyetemek, egyeteme)

476 - 500

farm	**tanya** (tanya, tanyát, tanyák, tanyája)
church	**templom** (templom, templomot, templomok, templomja)
restaurant	**étterem** (étterem, éttermet, éttermek, étterme)
bar	**bár** (bár, bárt, bárok, bárja)
gym	**edzőterem** (edzőterem, edzőtermet, edzőtermek, edzőterme)
park	**park** (park, parkot, parkok, parkja)
toilet (public)	**WC** (WC, WC-t, WC-k, WC-je)
map	**térkép** (térkép, térképet, térképek, térképe)
ambulance	**mentőszolgálat** (mentőszolgálat, mentőszolgálatot, mentőszolgálatok, mentőszolgálata)
police	**rendőrség** (rendőrség, rendőrséget, rendőrségek, rendőrsége)
gun	**pisztoly** (pisztoly, pisztolyt, pisztolyok, pisztolya)
firefighters	**tűzoltók** (tűzoltó, tűzoltót, tűzoltók, tűzoltója)
country	**ország** (ország, országot, országok, országa)
suburb	**külváros** (külváros, külvárost, külvárosok, külvárosa)
village	**falu** (falu, falut, falvak, faluja)
health	**egészség** (egészség, egészséget, -, egészsége)
medicine	**gyógyszer** (gyógyszer, gyógyszert, gyógyszerek, gyógyszere)
accident	**baleset** (baleset, balesetet, balesetek, balesete)
patient	**beteg** (beteg, beteget, betegek, betege)
surgery	**műtét** (műtét, műtétet, műtétek, műtétje)
pill	**tabletta** (tabletta, tablettát, tabletták, tablettája)
fever	**láz** (láz, lázat, -, láza)
cold (sickness)	**megfázás** (megfázás, megfázást, megfázások, megfázása)
wound	**seb** (seb, sebet, sebek, sebje)
appointment	**időpont** (időpont, időpontot, időpontok, időpontja)

501 - 525

cough	**köhögés** (köhögés, köhögést, köhögések, köhögése)
neck	**nyak** (nyak, nyakat, nyakak, nyaka)
bottom	**fenék** (fenék, feneket, fenekek, feneke)
shoulder	**váll** (váll, vállat, vállak, válla)
knee	**térd** (térd, térdet, térdek, térde)
leg	**láb** (láb, lábat, lábak, lába)
arm	**kar** (kar, kart, karok, karja)
belly	**has** (has, hasat, hasak, hasa)
bosom	**kebel** (kebel, keblet, keblek, keble)
back (part of body)	**hát** (hát, hátat, hátak, háta)
tooth	**fog** (fog, fogat, fogak, foga)
tongue	**nyelv** (nyelv, nyelvet, nyelvek, nyelve)
lip	**ajak** (ajak, ajkat, ajkak, ajka)
finger	**ujj** (ujj, ujjat, ujjak, ujja)
toe	**lábujj** (lábujj, lábujjat, lábujjak, lábujja)
stomach	**gyomor** (gyomor, gyomrot, gyomrok, gyomra)
lung	**tüdő** (tüdő, tüdőt, tüdők, tüdője)
liver	**máj** (máj, májat, májak, mája)
nerve	**ideg** (ideg, ideget, idegek, idege)
kidney	**vese** (vese, vesét, vesék, veséje)
intestine	**bél** (bél, belet, belek, bele)
colour	**szín** (szín, színet, színek, színe)
orange (colour)	**narancs**
grey	**szürke**
brown	**barna**

526 - 550

pink	rózsaszín
boring	unalmas
heavy	nehéz
light (weight)	könnyű
lonely	magányos
hungry	éhes
thirsty	szomjas
sad	szomorú
steep	meredek
flat	lapos
round	kerek
square (adjective)	szögletes
narrow	szűk
broad	széles
deep	mély
shallow	sekély
huge	hatalmas
north	észak
east	kelet
south	dél
west	nyugat
dirty	piszkos
clean	tiszta
full (not empty)	teli
empty	üres

expensive	drága
cheap	olcsó
dark	sötét
light (colour)	világos
sexy	szexi
lazy	lusta
brave	bátor
generous	nagylelkű
handsome	jóképű
ugly	csúnya
silly	buta
friendly	barátságos
guilty	bűnös
blind	vak
drunk	részeg
wet	nedves
dry	száraz
warm	meleg
loud	hangos
quiet	halk
silent	csöndes
kitchen	konyha (konyha, konyhát, konyhák, konyhája)
bathroom	fürdőszoba (fürdőszoba, fürdőszobát, fürdőszobák, fürdőszobája)
living room	nappali (nappali, nappalit, nappalik, nappalija)
bedroom	hálószoba (hálószoba, hálószobát, hálószobák, hálószobája)

garden	kert (kert, kertet, kertek, kertje)
garage	garázs (garázs, garázst, garázsok, garázsa)
wall	fal (fal, falat, falak, fala)
basement	pince (pince, pincét, pincék, pincéje)
toilet (at home)	vécé (vécé, vécét, vécék, vécéje)
stairs	lépcső (lépcső, lépcsőt, lépcsők, lépcsője)
roof	tető (tető, tetőt, tetők, teteje)
window (building)	ablak (ablak, ablakot, ablakok, ablaka)
knife	kés (kés, kést, kések, kése)
cup (for hot drinks)	csésze (csésze, csészét, csészék, csészéje)
glass	pohár (pohár, poharat, poharak, pohara)
plate	tányér (tányér, tányért, tányérok, tányérja)
cup (for cold drinks)	csésze (csésze, csészét, csészék, csészéje)
garbage bin	szemetes (szemetes, szemetest, szemetesek, szemetese)
bowl	tál (tál, tálat, tálak, tála)
TV set	TV készülék (készülék, készüléket, készülékek, készüléke)
desk	íróasztal (íróasztal, íróasztalt, íróasztalok, íróasztala)
bed	ágy (ágy, ágyat, ágyak, ágya)
mirror	tükör (tükör, tükröt, tükrök, tükre)
shower	zuhany (zuhany, zuhanyt, zuhanyok, zuhanya)
sofa	kanapé (kanapé, kanapét, kanapék, kanapéja)
picture	kép (kép, képet, képek, képe)
clock	óra (óra, órát, órák, órája)
table	asztal (asztal, asztalt, asztalok, asztala)
chair	szék (szék, széket, székek, széke)

601 - 625

swimming pool (garden)	úszómedence (úszómedence, úszómedencét, úszómedencék, úszómedencéje)
bell	csengő (csengő, csengőt, csengők, csengője)
neighbour	szomszéd (szomszéd, szomszédot, szomszédok, szomszédja)
to fail	megbukni (megbukik, megbukni, megbukott)
to choose	választani (választ, választani, választott)
to shoot	lőni (lő, lőni, lőtt)
to vote	szavazni (szavaz, szavazni, szavazott)
to fall	hullani (hullik, hullani, hullott)
to defend	megvédeni (megvéd, megvédeni, megvédett)
to attack	támadni (támad, támadni, támadt)
to steal	lopni (lop, lopni, lopott)
to burn	égni (ég, égni, égett)
to rescue	megmenteni (megment, megmenteni, megmentett)
to smoke	dohányozni (dohányzik, dohányozni, dohányozott)
to fly	repülni (repül, repülni, repült)
to carry	cipelni (cipel, cipelni, cipelt)
to spit	köpni (köp, köpni, köpött)
to kick	rúgni (rúg, rúgni, rúgott)
to bite	harapni (harap, harapni, harapott)
to breathe	lélegezni (lélegzik, lélegezni, lélegzett)
to smell	szagolni (szagol, szagolni, szagolt)
to cry	sírni (sír, sírni, sírt)
to sing	énekelni (énekel, énekelni, énekelt)
to smile	mosolyogni (mosolyog, mosolyogni, mosolygott)
to laugh	nevetni (nevet, nevetni, nevetett)

to grow	nőni (nő, nőni, nőtt)
to shrink	zsugorodni (zsugorodik, zsugorodni, zsugorodott)
to argue	vitatkozni (vitatkozik, vitatkozni, vitatkozott)
to threaten	fenyegetni (fenyeget, fenyegetni, fenyegetett)
to share	megosztani (megoszt, megosztani, megosztott)
to feed	etetni (etet, etetni, etetett)
to hide	elbújni (elbújik, elbújni, elbújt)
to warn	figyelmeztetni (figyelmeztet, figyelmeztetni, figyelmeztetett)
to swim	úszni (úszik, úszni, úszott)
to jump	ugrani (ugrik, ugrani, ugrott)
to roll	gurulni (gurul, gurulni, gurult)
to lift	emelni (emel, emelni, emelt)
to dig	ásni (ás, ásni, ásott)
to copy	másolni (másol, másolni, másolt)
to deliver	szállítani (szállít, szállítani, szállított)
to look for	keresni (keres, keresni, keresett)
to practice	gyakorolni (gyakorol, gyakorolni, gyakorolt)
to travel	utazni (utazik, utazni, utazott)
to paint	festeni (fest, festeni, festett)
to take a shower	zuhanyozni (zuhanyozik, zuhanyozni, zuhanyozott)
to open (unlock)	kinyitni (kinyit, kinyitni, kinyitott)
to lock	bezárni (bezár, bezárni, bezárt)
to wash	mosni (mos, mosni, mosott)
to pray	imádkozni (imádkozik, imádkozni, imádkozott)
to cook	főzni (főz, főzni, főzött)

651 - 675

book	könyv (könyv, könyvet, könyvek, könyve)
library	könyvtár (könyvtár, könyvtárat, könyvtárak, könyvtára)
homework	házi feladat (feladat, feladatot, feladatok, feladata)
exam	vizsga (vizsga, vizsgát, vizsgák, vizsgája)
lesson	tanóra (tanóra, tanórát, tanórák, tanórája)
science	tudomány (tudomány, tudományt, tudományok, tudománya)
history	történelem (történelem, történelmet, történelmek, történelme)
art	művészet (művészet, művészetet, művészetek, művészete)
English	angol (angol, angolt, angolok, angolja)
French	francia (francia, franciát, franciák, franciája)
pen	toll (toll, tollat, tollak, tolla)
pencil	ceruza (ceruza, ceruzát, ceruzák, ceruzája)
3%	három százalék
first	első
second (2nd)	második
third	harmadik
fourth	negyedik
result	eredmény (eredmény, eredményt, eredmények, eredménye)
square (shape)	négyzet (négyzet, négyzetet, négyzetek, négyzete)
circle	kör (kör, kört, körök, köre)
area	terület (terület, területet, területek, területe)
research	kutatás (kutatás, kutatást, kutatások, kutatása)
degree	tudományos fokozat (fokozat, fokozatot, fokozatok, fokozata)
bachelor	alapképzés (alapképzés, alapképzést, alapképzések, alapképzése)
master	mesterdiploma (mesterdiploma, mesterdiplomát, mesterdiplomák, mesterdiplomája)

676 - 700

x < y	x kisebb y-nál
x > y	x nagyobb y-nál
stress	stressz (stressz, stresszt, stresszek, stressze)
insurance	biztosítás (biztosítás, biztosítást, biztosítások, biztosítása)
staff	alkalmazottak (alkalmazott, alkalmazottat, alkalmazottak, alkalmazottja)
department	osztály (osztály, osztályt, osztályok, osztálya)
salary	fizetés (fizetés, fizetést, fizetések, fizetése)
address	cím (cím, címet, címek, címe)
letter (post)	levél (levél, levelet, levelek, levele)
captain	kapitány (kapitány, kapitányt, kapitányok, kapitánya)
detective	nyomozó (nyomozó, nyomozót, nyomozók, nyomozója)
pilot	pilóta (pilóta, pilótát, pilóták, pilótája)
professor	professzor (professzor, professzort, professzorok, professzora)
teacher	tanár (tanár, tanárt, tanárok, tanára)
lawyer	ügyvéd (ügyvéd, ügyvédet, ügyvédek, ügyvédje)
secretary	titkárnő (titkárnő, titkárnőt, titkárnők, titkárnője)
assistant	asszisztens (asszisztens, asszisztenst, asszisztensek, asszisztense)
judge	bíró (bíró, bírót, bírók, bírója)
director	vezérigazgató (vezérigazgató, vezérigazgatót, vezérigazgatók, vezérigazgatója)
manager	menedzser (menedzser, menedzsert, menedzserek, menedzsere)
cook	szakács (szakács, szakácsot, szakácsok, szakácsa)
taxi driver	taxisofőr (taxisofőr, taxisofőrt, taxisofőrök, taxisofőrje)
bus driver	buszsofőr (buszsofőr, buszsofőrt, buszsofőrök, buszsofőrje)
criminal	bűnöző (bűnöző, bűnözőt, bűnözők, bűnözője)
model	modell (modell, modellt, modellek, modellje)

artist	művész (művész, művészt, művészek, művésze)
telephone number	telefonszám (telefonszám, telefonszámot, telefonszámok, telefonszáma)
signal (of phone)	térerő (térerő, térerőt, térerők, térereje)
app	alkalmazás (alkalmazás, alkalmazást, alkalmazások, alkalmazása)
chat	chat (chat, chatet, chatek, chatje)
file	fájl (fájl, fájlt, fájlok, fájla)
url	url (url, url-t, url-ek, url-je)
e-mail address	e-mail cím (cím, címet, címek, címe)
website	weboldal (weboldal, weboldalt, weboldalak, weboldala)
e-mail	e-mail (e-mail, e-mailt, e-mailek, e-mailje)
mobile phone	mobiltelefon (mobiltelefon, mobiltelefont, mobiltelefonok, mobiltelefonja)
law	törvény (törvény, törvényt, törvények, törvénye)
prison	börtön (börtön, börtönt, börtönök, börtöne)
evidence	bizonyíték (bizonyíték, bizonyítékot, bizonyítékok, bizonyítéka)
fine	bírság (bírság, bírságot, bírságok, bírsága)
witness	tanú (tanú, tanút, tanúk, tanúja)
court	bíróság (bíróság, bíróságot, bíróságok, bírósága)
signature	aláírás (aláírás, aláírást, aláírások, aláírása)
loss	veszteség (veszteség, veszteséget, veszteségek, vesztesége)
profit	nyereség (nyereség, nyereséget, nyereségek, nyeresége)
customer	ügyfél (ügyfél, ügyfelet, ügyfelek, ügyfele)
amount	összeg (összeg, összeget, összegek, összege)
credit card	hitelkártya (hitelkártya, hitelkártyát, hitelkártyák, hitelkártyája)
password	jelszó (jelszó, jelszót, jelszavak, jelszava)
cash machine	bankautomata (bankautomata, bankautomatát, bankautomaták, bankautomatája)

726 - 750

swimming pool (competition)	úszómedence (úszómedence, úszómedencét, úszómedencék, úszómedencéje)
power	áram (áram, áramot, áramok, árama)
camera	kamera (kamera, kamerát, kamerák, kamerája)
radio	rádió (rádió, rádiót, rádiók, rádiója)
present (gift)	ajándék (ajándék, ajándékot, ajándékok, ajándéka)
bottle	üveg (üveg, üveget, üvegek, üvege)
bag	szatyor (szatyor, szatyrot, szatyrok, szatyra)
key	kulcs (kulcs, kulcsot, kulcsok, kulcsa)
doll	baba (baba, babát, babák, babája)
angel	angyal (angyal, angyalt, angyalok, angyala)
comb	fésű (fésű, fésűt, fésűk, fésűje)
toothpaste	fogkrém (fogkrém, fogkrémet, fogkrémek, fogkrémje)
toothbrush	fogkefe (fogkefe, fogkefét, fogkefék, fogkeféje)
shampoo	sampon (sampon, sampont, samponok, sampona)
cream (pharmaceutical)	krém (krém, krémet, krémek, krémje)
tissue	zsebkendő (zsebkendő, zsebkendőt, zsebkendők, zsebkendője)
lipstick	rúzs (rúzs, rúzst, rúzsok, rúzsa)
TV	TV (tv, tv-t, tv-ék, tv-je)
cinema	mozi (mozi, mozit, mozik, mozija)
news	hírek (hír, hírt, hírek, híre)
seat	ülés (ülés, ülést, ülések, ülése)
ticket	jegy (jegy, jegyet, jegyek, jegye)
screen (cinema)	mozivászon (mozivászon, mozivászont, mozivászonok, mozivászona)
music	zene (zene, zenét, zenék, zenéje)
stage	színpad (színpad, színpadot, színpadok, színpada)

751 - 775

audience	közönség (közönség, közönséget, közönségek, közönsége)
painting	festmény (festmény, festményt, festmények, festménye)
joke	vicc (vicc, viccet, viccek, vicce)
article	cikk (cikk, cikket, cikkek, cikke)
newspaper	újság (újság, újságot, újságok, újságja)
magazine	magazin (magazin, magazint, magazinok, magazinja)
advertisement	reklám (reklám, reklámot, reklámok, reklámja)
nature	természet (természet, természetet, természetek, természete)
ash	hamu (hamu, hamut, hamuk, hamuja)
fire (general)	tűz (tűz, tűzet, tűzek, tűze)
diamond	gyémánt (gyémánt, gyémántot, gyémántok, gyémántja)
moon	hold (hold, holdat, holdak, holdja)
earth	Föld (Föld, Földet, Földek, Földje)
sun	nap (nap, napot, napok, napja)
star	csillag (csillag, csillagot, csillagok, csillaga)
planet	bolygó (bolygó, bolygót, bolygók, bolygója)
universe	univerzum (univerzum, univerzumot, univerzumok, univerzuma)
coast	tengerpart (tengerpart, tengerpartot, tengerpartok, tengerpartja)
lake	tó (tó, tavat, tavak, tava)
forest	erdő (erdő, erdőt, erdők, erdője)
desert (dry place)	sivatag (sivatag, sivatagot, sivatagok, sivataga)
hill	domb (domb, dombot, dombok, dombja)
rock (stone)	szikla (szikla, sziklát, sziklák, sziklája)
river	folyó (folyó, folyót, folyók, folyója)
valley	völgy (völgy, völgyet, völgyek, völgye)

776 - 800

mountain	**hegy** (hegy, hegyet, hegyek, hegye)
island	**sziget** (sziget, szigetet, szigetek, szigete)
ocean	**óceán** (óceán, óceánt, óceánok, óceánja)
sea	**tenger** (tenger, tengert, tengerek, tengere)
weather	**időjárás** (időjárás, időjárást, időjárások, időjárása)
ice	**jég** (jég, jeget, jegek, jege)
snow	**hó** (hó, havat, havak, hója)
storm	**vihar** (vihar, vihart, viharok, vihara)
rain	**eső** (eső, esőt, esők, esője)
wind	**szél** (szél, szelet, szelek, szele)
plant	**növény** (növény, növényt, növények, növénye)
tree	**fa** (fa, fát, fák, fája)
grass	**fű** (fű, füvet, füvek, füve)
rose	**rózsa** (rózsa, rózsát, rózsák, rózsája)
flower	**virág** (virág, virágot, virágok, virága)
gas	**gáz** (gáz, gázt, gázok, gáza)
metal	**fém** (fém, fémet, fémek, féme)
gold	**arany** (arany, aranyat, aranyak, aranya)
silver	**ezüst** (ezüst, ezüstöt, ezüstök, ezüstje)
Silver is cheaper than gold	**Az ezüst olcsóbb az aranynál**
Gold is more expensive than silver	**Az arany drágább az ezüstnél**
holiday	**nyaralás** (nyaralás, nyaralást, nyaralások, nyaralása)
member	**tag** (tag, tagot, tagok, tagja)
hotel	**szálloda** (szálloda, szállodát, szállodák, szállodája)
beach	**strand** (strand, strandot, strandok, strandja)

801 - 825

guest	vendég (vendég, vendéget, vendégek, vendége)
birthday	születésnap (születésnap, születésnapot, születésnapok, születésnapja)
Christmas	Karácsony (karácsony, karácsonyt, karácsonyok, karácsonya)
New Year	újév (újév, újévet, újévek, újéve)
Easter	húsvét (húsvét, húsvétot, húsvétek, húsvétje)
uncle	nagybácsi (nagybácsi, nagybácsit, nagybácsik, nagybácsija)
aunt	nagynéni (nagynéni, nagynénit, nagynénik, nagynénije)
grandmother (paternal)	nagymama (nagymama, nagymamát, nagymamák, nagymamája)
grandfather (paternal)	nagyapa (nagyapa, nagyapát, nagyapák, nagyapja)
grandmother (maternal)	nagymama (nagymama, nagymamát, nagymamák, nagymamája)
grandfather (maternal)	nagyapa (nagyapa, nagyapát, nagyapák, nagyapja)
death	halál (halál, halált, halálok, halála)
grave	sír (sír, sírt, sírok, sírja)
divorce	válás (válás, válást, válások, válása)
bride	menyasszony (menyasszony, menyasszonyt, menyasszonyok, menyasszonya)
groom	vőlegény (vőlegény, vőlegényt, vőlegények, vőlegénye)
101	százegy
105	százöt
110	száztíz
151	százötvenegy
200	kétszáz
202	kétszázkettő
206	kétszázhat
220	kétszázhúsz
262	kétszázhatvankettő

826 - 850

300	háromszáz
303	háromszázhárom
307	háromszázhét
330	háromszázharminc
373	háromszázhetvenhárom
400	négyszáz
404	négyszáznégy
408	négyszáznyolc
440	négyszáznegyven
484	négyszáznyolcvannégy
500	ötszáz
505	ötszázöt
509	ötszázkilenc
550	ötszázötven
595	ötszázkilencvenöt
600	hatszáz
601	hatszázegy
606	hatszázhat
616	hatszáztizenhat
660	hatszázhatvan
700	hétszáz
702	hétszázkettő
707	hétszázhét
727	hétszázhuszonhét
770	hétszázhetven

851 - 875

800	nyolcszáz
803	nyolcszázhárom
808	nyolcszáznyolc
838	nyolcszázharmincnyolc
880	nyolcszáznyolcvan
900	kilencszáz
904	kilencszáznégy
909	kilencszázkilenc
949	kilencszáznegyvenkilenc
990	kilencszázkilencven
tiger	tigris (tigris, tigrist, tigrisek, tigrise)
mouse (animal)	egér (egér, egeret, egerek, egere)
rat	patkány (patkány, patkányt, patkányok, patkánya)
rabbit	nyúl (nyúl, nyulat, nyulak, nyula)
lion	oroszlán (oroszlán, oroszlánt, oroszlánok, oroszlánja)
donkey	szamár (szamár, szamarat, szamarak, szamara)
elephant	elefánt (elefánt, elefántot, elefántok, elefántja)
bird	madár (madár, madarat, madarak, madara)
cockerel	kakas (kakas, kakast, kakasok, kakasa)
pigeon	galamb (galamb, galambot, galambok, galambja)
goose	liba (liba, libát, libák, libája)
insect	rovar (rovar, rovart, rovarok, rovarja)
bug	bogár (bogár, bogarat, bogarak, bogara)
mosquito	szúnyog (szúnyog, szúnyogot, szúnyogok, szúnyogja)
fly	légy (légy, legyet, legyek, legye)

ant	hangya (hangya, hangyát, hangyák, hangyája)
whale	bálna (bálna, bálnát, bálnák, bálnája)
shark	cápa (cápa, cápát, cápák, cápája)
dolphin	delfin (delfin, delfint, delfinek, delfinje)
snail	csiga (csiga, csigát, csigák, csigája)
frog	béka (béka, békát, békák, békája)
often	gyakran
immediately	azonnal
suddenly	hirtelen
although	habár
gymnastics	torna (torna, tornát, tornák, tornája)
tennis	tenisz (tenisz, teniszt, teniszek, tenisze)
running	futás (futás, futást, futások, futása)
cycling	kerékpározás (kerékpározás, kerékpározást, kerékpározások, kerékpározása)
golf	golf (golf, golfot, golfok, golfja)
ice skating	korcsolyázás (korcsolyázás, korcsolyázást, korcsolyázások, korcsolyázása)
football	labdarúgás (labdarúgás, labdarúgást, labdarúgások, labdarúgása)
basketball	kosárlabda (kosárlabda, kosárlabdát, kosárlabdák, kosárlabdája)
swimming	úszás (úszás, úszást, úszások, úszása)
diving (under the water)	búvárkodás (búvárkodás, búvárkodást, búvárkodások, búvárkodása)
hiking	túrázás (túrázás, túrázást, túrázások, túrázása)
United Kingdom	Egyesült Királyság (Királyság, Királyságot, -, Királysága)
Spain	Spanyolország (Spanyolország, Spanyolországot, -, Spanyolországa)
Switzerland	Svájc (Svájc, Svájcot, -, Svájca)
Italy	Olaszország (Olaszország, Olaszországot, -, Olaszországa)

901 - 925

France	Franciaország (Franciaország, Franciaországot, -, Franciaország)
Germany	Németország (Németország, Németországot, -, Németország)
Thailand	Thaiföld (Thaiföld, Thaiföldet, -, Thaiföldje)
Singapore	Szingapúr (Szingapúr, Szingapúrt, -, Szingapúrja)
Russia	Oroszország (Oroszország, Oroszországot, -, Oroszország)
Japan	Japán (Japán, Japánt, -, Japána)
Israel	Izrael (Izrael, Izraelt, -, Izraelje)
India	India (India, Indiát, -, Indiája)
China	Kína (Kína, Kínát, -, Kínája)
The United States of America	Amerikai Egyesült Államok (állam, államot, államok, állama)
Mexico	Mexikó (Mexikó, Mexikót, -, Mexikója)
Canada	Kanada (Kanada, Kanadát, -, Kanadája)
Chile	Chile (Chile, Chilét, -, Chiléje)
Brazil	Brazília (Brazília, Brazíliát, -, Brazíliája)
Argentina	Argentína (Argentína, Argentínát, -, Argentínája)
South Africa	Dél-Afrika (Afrika, Afrikát, -, Afrikája)
Nigeria	Nigéria (Nigéria, Nigériát, -, Nigériája)
Morocco	Marokkó (Marokkó, Marokkót, -, Marokkója)
Libya	Líbia (Líbia, Líbiát, -, Líbiája)
Kenya	Kenya (Kenya, Kenyát, -, Kenyája)
Algeria	Algéria (Algéria, Algériát, -, Algériája)
Egypt	Egyiptom (Egyiptom, Egyiptomot, -, Egyiptoma)
New Zealand	Új-Zéland (Új-Zéland, Új-Zélandot, -, Új-Zélandja)
Australia	Ausztrália (Ausztrália, Ausztráliát, -, Ausztráliája)
Africa	Afrika (Afrika, Afrikát, -, Afrikája)

926 - 950

Europe	**Európa** (Európa, Európát, -, Európája)
Asia	**Ázsia** (Ázsia, Ázsiát, -, Ázsiája)
America	**Amerika** (Amerika, Amerikát, -, Amerikája)
quarter of an hour	negyedóra
half an hour	félóra
three quarters of an hour	háromnegyed óra
1:00	egy óra
2:05	két óra múlt öt perccel
3:10	három óra múlt tíz perccel
4:15	negyed öt
5:20	öt óra múlt húsz perccel
6:25	hat óra múlt huszonöt perccel
7:30	fél nyolc
8:35	nyolc óra harmincöt perc
9:40	fél tíz múlt tíz perccel
10:45	háromnegyed tizenegy
11:50	tíz perc múlva tizenkét óra
12:55	öt perc múlva egy óra
one o'clock in the morning	hajnali egy óra
two o'clock in the afternoon	délután két óra
last week	múlt hét
this week	e hét
next week	jövő hét
last year	tavaly
this year	idén

next year	jövőre
last month	múlt hónap
this month	e hónap
next month	jövő hónap
2014-01-01	kétezertizennégy január elseje
2003-02-25	kétezerhárom február huszonötödike
1988-04-12	ezerkilencszáznyolcvannyolc április tizenkettedike
1899-10-13	ezernyolcszázkilencvenkilenc október tizenharmadika
1907-09-30	ezerkilencszázhét szeptember harmincadika
2000-12-12	kétezer december tizenkettedike
forehead	homlok (homlok, homlokot, homlokok, homloka)
wrinkle	ránc (ránc, ráncot, ráncok, ránca)
chin	áll (áll, állat, állak, álla)
cheek	orca (orca, orcát, orcák, orcája)
beard	szakáll (szakáll, szakállt, szakállak, szakálla)
eyelashes	szempillák (szempilla, szempillát, szempillák, szempillája)
eyebrow	szemöldök (szemöldök, szemöldököt, szemöldököt, szemöldöke)
waist	derék (derék, derekat, derekak, dereka)
nape	tarkó (tarkó, tarkót, tarkók, tarkója)
chest	mellkas (mellkas, mellkast, mellkasok, mellkasa)
thumb	hüvelykujj (hüvelykujj, hüvelykujjat, hüvelykujjak, hüvelykujja)
little finger	kisujj (kisujj, kisujjat, kisujjak, kisujja)
ring finger	gyűrűsujj (gyűrűsujj, gyűrűsujjat, gyűrűsujjak, gyűrűsujja)
middle finger	középső ujj (középső ujj, középső ujjat, középső ujjak, középső ujja)
index finger	mutatóujj (mutatóujj, mutatóujjat, mutatóujjak, mutatóujja)

wrist	csukló (csukló, csuklót, csuklók, csuklója)
fingernail	köröm (köröm, körmöt, körmök, körme)
heel	sarok (sarok, sarkot, sarkok, sarka)
spine	gerinc (gerinc, gerincet, gerincek, gerince)
muscle	izom (izom, izmot, izmok, izma)
bone (part of body)	csont (csont, csontot, csontok, csontja)
skeleton	csontváz (csontváz, csontvázat, csontvázak, csontváza)
rib	borda (borda, bordát, bordák, bordája)
vertebra	csigolya (csigolya, csigolyát, csigolyák, csigolyája)
bladder	húgyhólyag (húgyhólyag, húgyhólyagot, húgyhólyagok, húgyhólyaga)
vein	véna (véna, vénát, vénák, vénája)
artery	artéria (artéria, artériát, artériák, artériája)
vagina	hüvely (hüvely, hüvelyt, hüvelyek, hüvelye)
sperm	sperma (sperma, spermát, spermák, spermája)
penis	pénisz (pénisz, péniszt, péniszek, pénisze)
testicle	here (here, herét, herék, heréje)
juicy	szaftos
hot (spicy)	csípős
salty	sós
raw	nyers
boiled	főtt
shy	félénk
greedy	kapzsi
strict	szigorú
deaf	süket

1001 - 1025

mute	néma
chubby	dundi
skinny	sovány
plump	kövérkés
slim	vékony
sunny	napos
rainy	esős
foggy	ködös
cloudy	felhős
windy	szeles
panda	óriáspanda (óriáspanda, óriáspandát, óriáspandák, óriáspandája)
goat	kecske (kecske, kecskét, kecskék, kecskéje)
polar bear	jegesmedve (jegesmedve, jegesmedvét, jegesmedvék, jegesmedvéje)
wolf	farkas (farkas, farkast, farkasok, farkasa)
rhino	orrszarvú (orrszarvú, orrszarvút, orrszarvúk, orrszarvúja)
koala	koala (koala, koalát, koalák, koalája)
kangaroo	kenguru (kenguru, kengurut, kenguruk, kenguruja)
camel	teve (teve, tevét, tevék, tevéje)
hamster	hörcsög (hörcsög, hörcsögöt, hörcsögök, hörcsöge)
giraffe	zsiráf (zsiráf, zsiráfot, zsiráfok, zsiráfja)
squirrel	mókus (mókus, mókust, mókusok, mókusa)
fox	róka (róka, rókát, rókák, rókája)
leopard	leopárd (leopárd, leopárdot, leopárdok, leopárdja)
hippo	víziló (víziló, vízilovat, vízilovak, vízilója)
deer	szarvas (szarvas, szarvast, szarvasok, szarvasa)

1026 - 1050

bat	denevér (denevér, denevért, denevérek, denevére)
raven	holló (holló, hollót, hollók, hollója)
stork	gólya (gólya, gólyát, gólyák, gólyája)
swan	hattyú (hattyú, hattyút, hattyúk, hattyúja)
seagull	sirály (sirály, sirályt, sirályok, sirálya)
owl	bagoly (bagoly, baglyot, baglyok, baglya)
eagle	sas (sas, sast, sasok, sasa)
penguin	pingvin (pingvin, pingvint, pingvinek, pingvinje)
parrot	papagáj (papagáj, papagájt, papagájok, papagája)
termite	termesz (termesz, termeszt, termeszek, termesze)
moth	molylepke (molylepke, molylepkét, molylepkék, molylepkéje)
caterpillar	hernyó (hernyó, hernyót, hernyók, hernyója)
dragonfly	szitakötő (szitakötő, szitakötőt, szitakötők, szitakötője)
grasshopper	szöcske (szöcske, szöcskét, szöcskék, szöcskéje)
squid	tintahal (tintahal, tintahalat, tintahalak, tintahala)
octopus	polip (polip, polipot, polipok, polipja)
sea horse	csikóhal (csikóhal, csikóhalat, csikóhalak, csikóhala)
turtle	teknősbéka (teknősbéka, teknősbékát, teknősbékák, teknősbékája)
shell	kagyló (kagyló, kagylót, kagylók, kagylója)
seal	fóka (fóka, fókát, fókák, fókája)
jellyfish	medúza (medúza, medúzát, medúzák, medúzája)
crab	rák (rák, rákot, rákok, rákja)
dinosaur	dinoszaurusz (dinoszaurusz, dinoszauruszt, dinoszauruszok, dinoszurusza)
tortoise	teknős (teknős, teknőst, teknősök, teknőse)
crocodile	krokodil (krokodil, krokodilt, krokodilok, krokodilja)

1051 - 1075

marathon	maraton (maraton, maratont, maratonok, maratonja)
triathlon	triatlon (triatlon, triatlont, triatlonok, triatlona)
table tennis	asztalitenisz (asztalitenisz, asztaliteniszt, asztaliteniszek, asztalitenisze)
weightlifting	súlyemelés (súlyemelés, súlyemelést, súlyemelések, súlyemelése)
boxing	ökölvívás (ökölvívás, ökölvívást, ökölvívások, ökölvívása)
badminton	tollaslabda (tollaslabda, tollaslabdát, tollaslabdák, tollaslabdája)
figure skating	műkorcsolya (műkorcsolya, műkorcsolyát, műkorcsolyák, műkorcsolyája)
snowboarding	snowboard (snowboard, snowboardot, snowboardok, snowboardja)
skiing	síelés (síelés, síelést, síelések, síelése)
cross-country skiing	sífutás (sífutás, sífutást, sífutások, sífutása)
ice hockey	jéghoki (jéghoki, jéghokit, jéghokik, jéghokija)
volleyball	röplabda (röplabda, röplabdát, röplabdák, röplabdája)
handball	kézilabda (kézilabda, kézilabdát, kézilabdák, kézilabdája)
beach volleyball	strandröplabda (strandröplabda, strandröplabdát, strandröplabdák, strandröplabdája)
rugby	rögbi (rögbi, rögbit, rögbik, rögbije)
cricket	krikett (krikett, krikettet, krikettek, krikettje)
baseball	baseball (baseball, baseballt, baseballok, baseballja)
American football	amerikai futball (futball, futballt, futballok, futballja)
water polo	vízilabda (vízilabda, vízilabdát, vízilabdák, vízilabdája)
diving (into the water)	műugrás (műugrás, műugrást, műugrások, műugrása)
surfing	szörfözés (szörfözés, szörfözést, szörfözések, szörfözése)
sailing	vitorlázás (vitorlázás, vitorlázást, vitorlázások, vitorlázása)
rowing	evezés (evezés, evezést, evezések, evezése)
car racing	autóverseny (autóverseny, autóversenyt, autóversenyek, autóversenye)
rally racing	rally verseny (rally verseny, rally versenyt, rally versenyek, rally versenye)

motorcycle racing	motorkerékpár verseny (verseny, versenyt, versenyek, versenye)
yoga	jóga (jóga, jógát, jógák, jógája)
dancing	táncolás (táncolás, táncolást, táncolások, táncolása)
mountaineering	hegymászás (hegymászás, hegymászást, hegymászások, hegymászása)
parachuting	ejtőernyőzés (ejtőernyőzés, ejtőernyőzést, ejtőernyőzések, ejtőernyőzése)
skateboarding	gördeszkázás (gördeszkázás, gördeszkázást, gördeszkázások, gördeszkázása)
chess	sakk (sakk, sakkot, sakkok, sakkja)
poker	póker (póker, pókert, pókerek, pókerja)
climbing	mászás (mászás, mászást, mászások, mászása)
bowling	bowling (bowling, bowlingot, -, bowlingja)
billiards	biliárd (biliárd, biliárdot, biliárdok, biliárdja)
ballet	balett (balett, balettet, balettek, balettje)
warm-up	bemelegítés (bemelegítés, bemelegítést, bemelegítések, bemelegítése)
stretching	nyújtó gyakorlat (gyakorlat, gyakorlatot, gyakorlatok, gyakorlata)
sit-ups	felülések (felülések, felüléseket, felülések, felülése)
push-up	fekvőtámaszok (fekvőtámasz, fekvőtámaszt, fekvőtámaszok, fekvőtámasza)
sauna	szauna (szauna, szaunát, szaunák, szaunája)
exercise bike	szobabicikli (szobabicikli, szobabiciklit, szobabiciklik, szobabiciklije)
treadmill	futópad (futópad, futópadot, futópadok, futópadja)
1001	ezeregy
1012	ezertizenkettő
1234	ezerkétszázharmincnégy
2000	kétezer
2002	kétezerkettő
2023	kétezerhuszonhárom

1101 - 1125

2345	kétezerháromszáznegyvenöt
3000	háromezer
3003	háromezerhárom
4000	négyezer
4045	négyezernegyvenöt
5000	ötezer
5678	ötezerhatszázhetvennyolc
6000	hatezer
7000	hétezer
7890	hétezernyolcszázkilencven
8000	nyolcezer
8901	nyolcezerkilencszázegy
9000	kilencezer
9090	kilencezerkilencven
10.001	tízezeregy
20.020	húszezerhúsz
30.300	harmincezerháromszáz
44.000	negyvennégyezer
10.000.000	tízmillió
100.000.000	százmillió
1.000.000.000	egymilliárd
10.000.000.000	tízmilliárd
100.000.000.000	százmilliárd
1.000.000.000.000	egybillió
to gamble	szerencsejátékot játszani (játszik, játszani, játszott)

1126 - 1150

to gain weight	hízni (hízik, hízni, hízott)
to lose weight	fogyni (fogy, fogyni, fogyott)
to vomit	hányni (hány, hányni, hányt)
to shout	kiáltani (kiált, kiáltani, kiáltott)
to stare	bámulni (bámul, bámulni, bámult)
to faint	elájulni (elájul, elájulni, elájult)
to swallow	nyelni (nyel, nyelni, nyelt)
to shiver	reszketni (reszket, reszketni, reszketett)
to give a massage	masszázst adni (ad, adni, adott)
to climb	mászni (mászik, mászni, mászott)
to quote	idézni (idéz, idézni, idézett)
to print	nyomtatni (nyomtat, nyomtatni, nyomtatott)
to scan	szkennelni (szkennel, szkennelni, szkennelt)
to calculate	kiszámolni (kiszámol, kiszámolni, kiszámolt)
to earn	keresni (keres, keresni, keresett)
to measure	mérni (mér, mérni, mért)
to vacuum	porszívózni (porszívóz, porszívózni, porszívózott)
to dry	szárítani (szárít, szárítani, szárított)
to boil	forralni (forral, forralni, forralt)
to fry	sütni (süt, sütni, sütött)
elevator	lift (lift, liftet, liftek, liftje)
balcony	erkély (erkély, erkélyt, erkélyek, erkélye)
floor	padló (padló, padlót, padlók, padlója)
attic	padlás (padlás, padlást, padlások, padlása)
front door	bejárati ajtó (ajtó, ajtót, ajtók, ajtaja)

1151 - 1175

corridor	folyosó (folyosó, folyosót, folyosók, folyosója)
second basement floor	mínusz második emelet (emelet, emeletet, emeletek, emelete)
first basement floor	mínusz első emelet (emelet, emeletet, emeletek, emelete)
ground floor	földszint (földszint, földszintet, földszintek, földszintje)
first floor	első emelet (emelet, emeletet, emeletek, emelete)
fifth floor	ötödik emelet (emelet, emeletet, emeletek, emelete)
chimney	kémény (kémény, kéményt, kémények, kéménye)
fan	ventilátor (ventilátor, ventilátort, ventilátorok, ventilátorja)
air conditioner	légkondicionáló (légkondicionáló, légkondicionálót, légkondicionálók, légkondicionálója)
coffee machine	kávéfőző (kávéfőző, kávéfőzőt, kávéfőzők, kávéfőzője)
toaster	kenyérpirító (kenyérpirító, kenyérpirítót, kenyérpirítók, kenyérpirítója)
vacuum cleaner	porszívó (porszívó, porszívót, porszívók, porszívója)
hairdryer	hajszárító (hajszárító, hajszárítót, hajszárítók, hajszárítója)
kettle	vízforraló (vízforraló, vízforralót, vízforralók, vízforralója)
dishwasher	mosogatógép (mosogatógép, mosogatógépet, mosogatógépek, mosogatógépje)
cooker	tűzhely (tűzhely, tűzhelyet, tűzhelyek, tűzhelye)
oven	sütő (sütő, sütőt, sütők, sütője)
microwave	mikrohullámú sütő (sütő, sütőt, sütők, sütője)
fridge	hűtőszekrény (hűtőszekrény, hűtőszekrényt, hűtőszekrények, hűtőszekrénye)
washing machine	mosógép (mosógép, mosógépet, mosógépek, mosógépje)
heating	fűtés (fűtés, fűtést, fűtések, fűtése)
remote control	távirányító (távirányító, távirányítót, távirányítók, távirányítója)
sponge	szivacs (szivacs, szivacsot, szivacsok, szivacsa)
wooden spoon	fakanál (fakanál, fakanalat, fakanalak, fakanala)
chopstick	evőpálcika (evőpálcika, evőpálcikát, evőpálcikák, evőpálcikája)

cutlery	evőeszköz (evőeszköz, evőeszközt, evőeszközök, evőeszköze)
spoon	kanál (kanál, kanalat, kanalak, kanala)
fork	villa (villa, villát, villák, villája)
ladle	merőkanál (merőkanál, merőkanalat, merőkanalak, merőkanala)
pot	fazék (fazék, fazekat, fazekok, fazékja)
pan	serpenyő (serpenyő, serpenyőt, serpenyők, serpenyője)
light bulb	villanykörte (villanykörte, villanykörtét, villanykörték, villanykörtéje)
alarm clock	ébresztőóra (ébresztőóra, ébresztőórát, ébresztőórák, ébresztőórája)
safe (for money)	széf (széf, széfet, széfek, széfje)
bookshelf	könyvespolc (könyvespolc, könyvespolcot, könyvespolcok, könyvespolca)
curtain	függöny (függöny, függönyt, függönyök, függönye)
mattress	matrac (matrac, matracot, matracok, matraca)
pillow	párna (párna, párnát, párnák, párnája)
blanket	takaró (takaró, takarót, takarók, takarója)
shelf	polc (polc, polcot, polcok, polca)
drawer	fiók (fiók, fiókot, fiókok, fiókja)
wardrobe	ruhásszekrény (ruhásszekrény, ruhásszekrényt, ruhásszekrények, ruhásszekrénye)
bucket	vödör (vödör, vödröt, vödrök, vödre)
broom	seprű (seprű, seprűt, seprűk, seprűje)
washing powder	mosópor (mosópor, mosóport, mosóporok, mosópora)
scale	mérleg (mérleg, mérleget, mérlegek, mérlege)
laundry basket	szennyeskosár (szennyeskosár, szennyeskosarat, szennyeskosarak, szennyeskosara)
bathtub	fürdőkád (fürdőkád, fürdőkádat, fürdőkádak, fürdőkádja)
bath towel	fürdőlepedő (fürdőlepedő, fürdőlepedőt, fürdőlepedők, fürdőlepedője)
soap	szappan (szappan, szappant, szappanok, szappanja)

1201 - 1225

toilet paper	**vécépapír** (vécépapír, vécépapírt, vécépapírok, vécépapírja)
towel	**törülköző** (törülköző, törülközőt, törülközők, törülközője)
basin	**mosdó** (mosdó, mosdót, mosdók, mosdója)
stool	**bárszék** (bárszék, bárszéket, bárszékek, bárszéke)
light switch	**villanykapcsoló** (villanykapcsoló, villanykapcsolót, villanykapcsolók, villanykapcsolója)
calendar	**naptár** (naptár, naptárt, naptárak, naptárja)
power outlet	**konnektor** (konnektor, konnektort, konnektorok, konnektora)
carpet	**szőnyeg** (szőnyeg, szőnyeget, szőnyegek, szőnyege)
saw	**fűrész** (fűrész, fűrészt, fűrészek, fűrésze)
axe	**fejsze** (fejsze, fejszét, fejszék, fejszéje)
ladder	**létra** (létra, létrát, létrák, létrája)
hose	**tömlő** (tömlő, tömlőt, tömlők, tömlője)
shovel	**ásó** (ásó, ásót, ásók, ásója)
shed	**fészer** (fészer, fészert, fészerek, fészere)
pond	**tavacska** (tavacska, tavacskát, tavacskák, tavacskája)
mailbox (for letters)	**postaláda** (postaláda, postaládát, postaládák, postaládája)
fence	**kerítés** (kerítés, kerítést, kerítések, kerítése)
deck chair	**nyugágy** (nyugágy, nyugágyat, nyugágyak, nyugágya)
ice cream	**jégkrém** (jégkrém, jégkrémet, jégkrémek, jégkréme)
cream (food)	**tejszín** (tejszín, tejszínt, tejszínek, tejszíne)
butter	**vaj** (vaj, vajat, -, vaja)
yoghurt	**joghurt** (joghurt, joghurtot, joghurtok, joghurtja)
fishbone	**halszálka** (halszálka, halszálkát, halszálkák, halszálkája)
tuna	**tonhal** (tonhal, tonhalat, tonhalak, tonhala)
salmon	**lazac** (lazac, lazacot, lazacok, lazaca)

lean meat	sovány hús (hús, húst, húsok, húsa)
fat meat	zsíros hús (hús, húst, húsok, húsa)
ham	sonka (sonka, sonkát, sonkák, sonkája)
salami	szalámi (szalámi, szalámit, szalámik, szalámija)
bacon	szalonna (szalonna, szalonnát, szalonnák, szalonnája)
steak	hússzelet (hússzelet, hússzeletet, hússzeletek, hússzelete)
sausage	kolbász (kolbász, kolbászt, kolbászok, kolbásza)
turkey	pulykahús (pulykahús, pulykahúst, pulykahúsok, pulykahúsa)
chicken (meat)	csirkehús (csirkehús, csirkehúst, csirkehúsok, csirkehúsa)
beef	marhahús (marhahús, marhahúst, marhahúsok, marhahúsa)
pork	sertéshús (sertéshús, sertéshúst, sertéshúsok, sertéshúsa)
lamb	bárányhús (bárányhús, bárányhúst, bárányhúsok, bárányhúsa)
pumpkin	sütőtök (sütőtök, sütőtököt, sütőtökök, sütőtökje)
mushroom	gomba (gomba, gombát, gombák, gombája)
truffle	szarvasgomba (szarvasgomba, szarvasgombát, szarvasgombák, szarvasgombája)
garlic	fokhagyma (fokhagyma, fokhagymát, fokhagymák, fokhagymája)
leek	póréhagyma (póréhagyma, póréhagymát, póréhagymák, póréhagymája)
ginger	gyömbér (gyömbér, gyömbért, gyömbérek, gyömbére)
aubergine	padlizsán (padlizsán, padlizsánt, padlizsánok, padlizsánja)
sweet potato	édesburgonya (édesburgonya, édesburgonyát, édesburgonyák, édesburgonyája)
carrot	sárgarépa (sárgarépa, sárgarépát, sárgarépák, sárgarépája)
cucumber	uborka (uborka, uborkát, uborkák, uborkája)
chili	chili (chili, chilit, chilik, chilije)
pepper (vegetable)	paprika (paprika, paprikát, paprikák, paprikája)
onion	hagyma (hagyma, hagymát, hagymák, hagymája)

1251 - 1275

potato	**burgonya** (burgonya, burgonyát, burgonyák, burgonyája)
cauliflower	**karfiol** (karfiol, karfiolt, karfiolok, karfiolja)
cabbage	**káposzta** (káposzta, káposztát, káposzták, káposztája)
broccoli	**brokkoli** (brokkoli, brokkolit, brokkolik, brokkolija)
lettuce	**fejes saláta** (saláta, salátát, saláták, salátája)
spinach	**spenót** (spenót, spenótot, spenótok, spenótja)
bamboo (food)	**bambusz** (bambusz, bambuszt, bambuszok, bambusza)
corn	**kukorica** (kukorica, kukoricát, kukoricák, kukoricája)
celery	**zeller** (zeller, zellert, zellerek, zellerje)
pea	**borsó** (borsó, borsót, borsók, borsója)
bean	**bab** (bab, babot, babok, babja)
pear	**körte** (körte, körtét, körték, körtéje)
apple	**alma** (alma, almát, almák, almája)
peel	**héj** (héj, héjat, héjak, héja)
pit	**mag** (mag, magot, magok, magja)
olive	**olajbogyó** (olajbogyó, olajbogyót, olajbogyók, olajbogyója)
date (food)	**datolya** (datolya, datolyát, datolyák, datolyája)
fig	**füge** (füge, függét, függék, függéje)
coconut	**kókuszdió** (kókuszdió, kókuszdiót, kókuszdiók, kókuszdiója)
almond	**mandula** (mandula, mandulát, mandulák, mandulája)
hazelnut	**mogyoró** (mogyoró, mogyorót, mogyorók, mogyorója)
peanut	**földimogyoró** (földimogyoró, földimogyorót, földimogyorók, földimogyorója)
banana	**banán** (banán, banánt, banánok, banánja)
mango	**mangó** (mangó, mangót, mangók, mangója)
kiwi	**kivi** (kivi, kivit, kivik, kivije)

1276 - 1300

avocado	avokádó (avokádó, avokádót, avokádók, avokádója)
pineapple	ananász (ananász, ananászt, ananászok, ananásza)
water melon	görögdinnye (görögdinnye, görögdinnyét, görögdinnyék, görögdinnyéje)
grape	szőlő (szőlő, szőlőt, szőlők, szőlője)
sugar melon	sárgadinnye (sárgadinnye, sárgadinnyét, sárgadinnyék, sárgadinnyéje)
raspberry	málna (málna, málnát, málnák, málnája)
blueberry	áfonya (áfonya, áfonyát, áfonyák, áfonyája)
strawberry	eper (eper, epret, eprek, eperje)
cherry	cseresznye (cseresznye, cseresznyét, cseresznyék, cseresznyéje)
plum	szilva (szilva, szilvát, szilvák, szilvája)
apricot	sárgabarack (sárgabarack, sárgabarackot, sárgabarackok, sárgabarackja)
peach	őszibarack (őszibarack, őszibarackot, őszibarackok, őszibarackja)
lemon	citrom (citrom, citromot, citromok, citromja)
grapefruit	grépfrút (grépfrút, grépfrútot, grépfrútok, grépfrútja)
orange (food)	narancs (narancs, narancsot, narancsok, narancsa)
tomato	paradicsom (paradicsom, paradicsomot, paradicsomok, paradicsomja)
mint	menta (menta, mentát, menták, mentája)
lemongrass	citromfű (citromfű, citromfüvet, citromfüvek, citromfüve)
cinnamon	fahéj (fahéj, fahéjat, fahéjak, fahéja)
vanilla	vanília (vanília, vaníliát, -, vaníliája)
salt	só (só, sót, sók, sója)
pepper (spice)	bors (bors, borsot, borsok, borsa)
curry	curry (curry, curryt, curryk, curryja)
tobacco	dohány (dohány, dohányt, dohányok, dohánya)
tofu	tofu (tofu, tofut, tofuk, tofuja)

1301 - 1325

vinegar	ecet (ecet, ecetet, ecetek, ecetje)
noodle	tészta (tészta, tésztát, tészták, tésztája)
soy milk	szójatej (szójatej, szójatejet, szójatejek, szójateje)
flour	liszt (liszt, lisztet, lisztek, lisztje)
rice	rizs (rizs, rizsát, rizsák, rizsája)
oat	zab (zab, zabot, zabok, zabja)
wheat	búza (búza, búzát, búzák, búzája)
soy	szója (szója, szóját, szóják, szójája)
nut	dió (dió, diót, diók, diója)
scrambled eggs	tojásrántotta (tojásrántotta, tojásrántottát, tojásrántották, tojásrántottája)
porridge	zabkása (zabkása, zabkását, zabkásák, zabkásája)
cereal	gabonapehely (gabonapehely, gabonapelyhet, gabonapelyhek, gabonapelyhe)
honey	méz (méz, mézet, mézek, méze)
jam	lekvár (lekvár, lekvárt, lekvárok, lekvárja)
chewing gum	rágógumi (rágógumi, rágógumit, rágógumik, rágógumija)
apple pie	almás pite (pite, pitét, piték, pitéje)
waffle	gofri (gofri, gofrit, gofrik, gofrija)
pancake	amerikai palacsinta (palacsinta, palacsintát, palacsinták, palacsintája)
cookie	aprósütemény (aprósütemény, aprósüteményt, aprósütemények, aprósüteménye)
pudding	puding (puding, pudingot, pudingok, pudingja)
muffin	muffin (muffin, muffint, muffinok, muffinja)
doughnut	fánk (fánk, fánkot, fánkok, fánkja)
energy drink	energiaital (energiaital, energiaitalt, energiaitalok, energiaitala)
orange juice	narancslé (narancslé, narancslevet, narancslevek, narancsleve)
apple juice	almalé (almalé, almalevet, almalevek, almaleve)

1326 - 1350

milkshake	**tejturmix** (tejturmix, tejturmixot, tejturmixok, tejturmixa)
coke	**kóla** (kóla, kólát, kólák, kólája)
lemonade	**limonádé** (limonádé, limonádét, limonádék, limonádéja)
hot chocolate	**forró csokoládé** (csokoládé, csokoládét, csokoládék, csokoládéja)
milk tea	**tejes tea** (tea, teát, teák, teája)
green tea	**zöld tea** (tea, teát, teák, teája)
black tea	**fekete tea** (tea, teát, teák, teája)
tap water	**csapvíz** (csapvíz, csapvizet, csapvizek, csapvize)
cocktail	**koktél** (koktél, koktélt, koktélok, koktélja)
champagne	**pezsgő** (pezsgő, pezsgőt, pezsgők, pezsgője)
rum	**rum** (rum, rumot, rumok, rumja)
whiskey	**whisky** (whisky, whiskyt, whiskyk, whiskyje)
vodka	**vodka** (vodka, vodkát, vodkák, vodkája)
buffet	**büfé** (büfé, büfét, büfék, büféje)
tip	**borravaló** (borravaló, borravalót, borravalók, borravalója)
menu	**menü** (menü, menüt, menük, menüje)
seafood	**tenger gyümölcsei** (-, tenger gyümölcseit, tenger gyümölcsei, -)
snack	**uzsonna** (uzsonna, uzsonnát, uzsonnák, uzsonnája)
side dish	**köret** (köret, köretet, köretek, körete)
spaghetti	**spagetti** (spagetti, spagettit, spagettik, spagettije)
roast chicken	**sült csirke** (csirke, csirkét, csirkék, csirkéje)
potato salad	**krumplisaláta** (krumplisaláta, krumplisalátát, krumplisaláták, krumplisalátája)
mustard	**mustár** (mustár, mustárt, mustárok, mustára)
sushi	**sushi** (sushi, sushit, sushik, sushija)
popcorn	**pattogatott kukorica** (kukorica, kukoricát, kukoricák, kukoricája)

1351 - 1375

nachos	**nachos** (nachos, nachost, nachosok, nachosa)
chips	**chips** (chips, chipset, chipsek, chipse)
French fries	**hasábburgonya** (hasábburgonya, hasábburgonyát, hasábburgonyák, hasábburgonyája)
chicken wings	**csirkeszárnyak** (csirkeszárny, csirkeszárnyat, csirkeszárnyak, csirkeszárnya)
mayonnaise	**majonéz** (majonéz, majonézt, majonézek, majonéze)
tomato sauce	**paradicsom szósz** (szósz, szószt, szószok, szósza)
sandwich	**szendvics** (szendvics, szendvicset, szendvicsek, szendvicse)
hot dog	**hot dog** (hot dog, hot dogot, hot dogok, hot dogja)
burger	**burger** (burger, burgert, burgerek, burgere)
booking	**foglalás** (foglalás, foglalást, foglalások, foglalása)
hostel	**diákszálló** (diákszálló, diákszállót, diákszállók, diákszállója)
visa	**vízum** (vízum, vízumot, vízumok, vízumja)
passport	**útlevél** (útlevél, útlevelet, útlevelek, útlevele)
diary	**napló** (napló, naplót, naplók, naplója)
postcard	**képeslap** (képeslap, képeslapot, képeslapok, képeslapja)
backpack	**hátizsák** (hátizsák, hátizsákot, hátizsákok, hátizsákja)
campfire	**tábortűz** (tábortűz, tábortüzet, tábortüzek, tábortüze)
sleeping bag	**hálózsák** (hálózsák, hálózsákot, hálózsákok, hálózsákja)
tent	**sátor** (sátor, sátort, sátorok, sátora)
camping	**kemping** (kemping, kempinget, kempingek, kempingje)
membership	**tagság** (tagság, tagságot, tagságok, tagsága)
reservation	**foglalás** (foglalás, foglalást, foglalások, foglalása)
dorm room	**kollégiumi szoba** (szoba, szobát, szobák, szobája)
double room	**kétágyas szoba** (szoba, szobát, szobák, szobája)
single room	**egyágyas szoba** (szoba, szobát, szobák, szobája)

1376 - 1400

luggage	**poggyász** (poggyász, poggyászt, poggyászok, poggyásza)
lobby	**hall** (hall, hallt, hallok, hallja)
decade	**évtized** (évtized, évtizedet, évtizedek, évtizede)
century	**évszázad** (évszázad, évszázadot, évszázadok, évszázada)
millennium	**évezred** (évezred, évezredet, évezredek, évezrede)
Thanksgiving	**hálaadás** (hálaadás, hálaadást, hálaadások, hálaadása)
Halloween	**halloween** (halloween, halloweent, halloweenek, halloweenje)
Ramadan	**ramadán** (ramadán, ramadánt, ramadánok, ramadánja)
grandchild	**unoka** (unoka, unokát, unokák, unokája)
siblings	**testvérek** (testvér, testvért, testvérek, testvére)
mother-in-law	**anyós** (anyós, anyóst, anyósok, anyósa)
father-in-law	**após** (após, apóst, apósok, apósa)
granddaughter	**lányunoka** (lányunoka, lányunokát, lányunokák, lányunokája)
grandson	**fiúunoka** (fiúunoka, fiúunokát, fiúunokák, fiúunokája)
son-in-law	**vő** (vő, vőt, vők, veje)
daughter-in-law	**meny** (meny, menyet, menyek, menye)
nephew	**unokaöcs** (unokaöcs, unokaöccsét, unokaöcsök, unokaöccse)
niece	**unokahúg** (unokahúg, unokahúgot, unokahúgok, unokahúga)
cousin (female)	**unokanővér** (unokanővér, unokanővért, unokanővérek, unokanővére)
cousin (male)	**unokatestvér** (unokatestvér, unokatestvért, unokatestvérek, unokatestvére)
cemetery	**temető** (temető, temetőt, temetők, temetője)
gender	**nem** (nem, nemet, nemek, neme)
urn	**urna** (urna, urnát, urnák, urnája)
orphan	**árva** (árva, árvát, árvák, árvája)
corpse	**holttest** (holttest, holttestet, holttestek, holtteste)

1401 - 1425

coffin	koporsó (koporsó, koporsót, koporsók, koporsója)
retirement	nyugdíj (nyugdíj, nyugdíjat, nyugdíjak, nyugdíja)
funeral	temetés (temetés, temetést, temetések, temetése)
honeymoon	nászút (nászút, nászutat, nászutak, nászútja)
wedding ring	jegygyűrű (jegygyűrű, jegygyűrűt, jegygyűrűk, jegygyűrűje)
lovesickness	szerelmi bánat (bánat, bánatot, bánatok, bánata)
vocational training	szakképzés (szakképzés, szakképzést, szakképzések, szakképzése)
high school	középiskola (középiskola, középiskolát, középiskolák, középiskolája)
junior school	általános iskola (iskola, iskolát, iskolák, iskolája)
twins	ikrek (iker, ikert, ikrek, ikerje)
primary school	általános iskola (iskola, iskolát, iskolák, iskolája)
kindergarten	óvoda (óvoda, óvodát, óvodák, óvodája)
birth	születés (születés, születést, születések, születése)
birth certificate	születési anyakönyvi kivonat (kivonat, kivonatot, kivonatok, kivonata)
hand brake	kézifék (kézifék, kéziféket, kézifékek, kézifékje)
battery	akkumulátor (akkumulátor, akkumulátort, akkumulátorok, akkumulátora)
motor	motor (motor, motort, motorok, motora)
windscreen wiper	ablaktörlő (ablaktörlő, ablaktörlőt, ablaktörlők, ablaktörlője)
GPS	GPS (GPS, GPS-t, GPS-ek, GPS-e)
airbag	légzsák (légzsák, légzsákot, légzsákok, légzsákja)
horn	duda (duda, dudát, dudák, dudája)
clutch	kuplung (kuplung, kuplungot, kuplungok, kuplungja)
brake	fék (fék, féket, fékek, fékje)
throttle	gázkar (gázkar, gázkart, gázkarok, gázkarja)
steering wheel	kormánykerék (kormánykerék, kormánykereket, kormánykerekek, kormánykereke)

1426 - 1450

petrol	**benzin** (benzin, benzint, benzinek, benzine)
diesel	**dízel** (dízel, dízelt, -, dízelje)
seatbelt	**biztonsági öv** (öv, övet, övek, öve)
bonnet	**motorháztető** (motorháztető, motorháztetőt, motorháztetők, motorházteteje)
tyre	**gumiabroncs** (gumiabroncs, gumiabroncsot, gumiabroncsok, gumiabroncsa)
rear trunk	**hátsó csomagtartó** (csomagtartó, csomagtartót, csomagtartók, csomagtartója)
railtrack	**vágány** (vágány, vágányt, vágányok, vágánya)
ticket vending machine	**jegyautomata** (jegyautomata, jegyautomatát, jegyautomaták, jegyautomatája)
ticket office	**jegypénztár** (jegypénztár, jegypénztárat, jegypénztárak, jegypénztára)
subway	**metró** (metró, metrót, metrók, metrója)
high-speed train	**gyorsvonat** (gyorsvonat, gyorsvonatot, gyorsvonatok, gyorsvonata)
locomotive	**mozdony** (mozdony, mozdonyt, mozdonyok, mozdonya)
platform	**peron** (peron, peront, peronok, peronja)
tram	**villamos** (villamos, villamost, villamosok, villamosa)
school bus	**iskolabusz** (iskolabusz, iskolabuszt, iskolabuszok, iskolabusza)
minibus	**minibusz** (minibusz, minibuszt, minibuszok, minibusza)
fare	**menetdíj** (menetdíj, menetdíjat, menetdíjak, menetdíja)
timetable	**menetrend** (menetrend, menetrendet, menetrendek, menetrendje)
airport	**repülőtér** (repülőtér, repülőteret, repülőterek, repülőtere)
departure	**indulás** (indulás, indulást, indulások, indulása)
arrival	**érkezés** (érkezés, érkezést, érkezések, érkezése)
customs	**vám** (vám, vámot, vámok, vámja)
airline	**légitársaság** (légitársaság, légitársaságot, légitársaságok, légitársasága)
helicopter	**helikopter** (helikopter, helikoptert, helikopterek, helikoptere)
check-in desk	**check-in pult** (pult, pultot, pultok, pultja)

1451 - 1475

carry-on luggage	**kézipoggyász** (kézipoggyász, kézipoggyászt, kézipoggyászok, kézipoggyásza)
first class	**első osztály** (osztály, osztályt, osztályok, osztálya)
economy class	**turista osztály** (osztály, osztályt, osztályok, osztálya)
business class	**business osztály** (osztály, osztályt, osztályok, osztálya)
emergency exit (on plane)	**vészkijárat** (vészkijárat, vészkijáratot, vészkijáratok, vészkijárata)
aisle	**folyosó** (folyosó, folyosót, folyosók, folyosója)
window (in plane)	**ablak** (ablak, ablakot, ablakok, ablaka)
row	**üléssor** (üléssor, üléssort, üléssorok, üléssorja)
wing	**szárny** (szárny, szárnyat, szárnyak, szárnya)
engine	**hajtómű** (hajtómű, hajtóművet, hajtóművek, hajtóműve)
cockpit	**pilótafülke** (pilótafülke, pilótafülkét, pilótafülkék, pilótafülkéje)
life jacket	**mentőmellény** (mentőmellény, mentőmellényt, mentőmellények, mentőmellénye)
container	**konténer** (konténer, konténert, konténerek, konténere)
submarine	**tengeralattjáró** (tengeralattjáró, tengeralattjárót, tengeralattjárók, tengeralattjárója)
cruise ship	**luxushajó** (luxushajó, luxushajót, luxushajók, luxushajója)
container ship	**konténerhajó** (konténerhajó, konténerhajót, konténerhajók, konténerhajója)
yacht	**jacht** (jacht, jachtot, jachtok, jachtja)
ferry	**komp** (komp, kompot, kompok, kompja)
harbour	**kikötő** (kikötő, kikötőt, kikötők, kikötője)
lifeboat	**mentőcsónak** (mentőcsónak, mentőcsónakot, mentőcsónakok, mentőcsónakja)
radar	**radar** (radar, radart, radarok, radarja)
anchor	**horgony** (horgony, horgonyt, horgonyok, horgonya)
life buoy	**mentőöv** (mentőöv, mentőövet, mentőövek, mentőöve)
street light	**utcai lámpa** (lámpa, lámpát, lámpák, lámpája)
pavement	**járda** (járda, járdát, járdák, járdája)

1476 - 1500

petrol station	**benzinkút** (benzinkút, benzinkútat, benzinkútak, benzinkútja)
construction site	**építkezés** (építkezés, építkezést, építkezések, építkezése)
speed limit	**sebességkorlátozás** (sebességkorlátozás, sebességkorlátozást, sebességkorlátozások, sebességkorlátozása)
pedestrian crossing	**zebra** (zebra, zebrát, zebrák, zebrája)
one-way street	**egyirányú utca** (utca, utcát, utcák, utcája)
toll	**úthasználati díj** (díj, díjat, díjak, díja)
intersection	**útkereszteződés** (útkereszteződés, útkereszteződést, útkereszteződések, útkereszteződése)
traffic jam	**forgalmi dugó** (dugó, dugót, dugók, dugója)
motorway	**autópálya** (autópálya, autópályát, autópályák, autópályája)
tank	**tank** (tank, tankot, tankok, tankja)
road roller	**úthenger** (úthenger, úthengert, úthengerek, úthengere)
excavator	**kotrógép** (kotrógép, kotrógépet, kotrógépek, kotrógépe)
tractor	**traktor** (traktor, traktort, traktorok, traktora)
air pump	**légpumpa** (légpumpa, légpumpát, légpumpák, légpumpája)
chain	**lánc** (lánc, láncot, láncok, lánca)
jack	**kocsiemelő** (kocsiemelő, kocsiemelőt, kocsiemelők, kocsiemelője)
trailer	**utánfutó** (utánfutó, utánfutót, utánfutók, utánfutója)
motor scooter	**robogó** (robogó, robogót, robogók, robogója)
cable car	**felvonó** (felvonó, felvonót, felvonók, felvonója)
guitar	**gitár** (gitár, gitárt, gitárok, gitára)
drums	**dobfelszerelés** (dobfelszerelés, dobfelszerelést, dobfelszerelések, dobfelszerelése)
keyboard (music)	**szintetizátor** (szintetizátor, szintetizátort, szintetizátorok, szintetizátora)
trumpet	**trombita** (trombita, trombitát, trombiták, trombitája)
piano	**zongora** (zongora, zongorát, zongorák, zongorája)
saxophone	**szaxofon** (szaxofon, szaxofont, szaxofonok, szaxofonja)

violin	hegedű (hegedű, hegedűt, hegedűk, hegedűje)
concert	koncert (koncert, koncertet, koncertek, koncertje)
note (music)	hangjegy (hangjegy, hangjegyet, hangjegyek, hangjegye)
opera	opera (opera, operát, operák, operája)
orchestra	zenekar (zenekar, zenekart, zenekarok, zenekara)
rap	rap (rap, rapot, rapok, rapja)
classical music	klasszikus zene (zene, zenét, zenék, zenéje)
folk music	népzene (népzene, népzenét, népzenék, népzenéje)
rock (music)	rock (rock, rockot, rockok, rockja)
pop	pop (pop, popot, popok, popja)
jazz	dzsessz (dzsessz, dzsesszt, dzsesszek, dzsessze)
theatre	színház (színház, színházat, színházak, színháza)
brush (to paint)	ecset (ecset, ecsetet, ecsetek, ecsete)
samba	szamba (szamba, szambát, szambák, szambája)
rock 'n' roll	rock 'n' roll (rock 'n' roll, rock 'n' roll-t, rock 'n' roll-ok, rock 'n' roll-ja)
Viennese waltz	bécsi keringő (keringő, keringőt, keringők, keringője)
tango	tangó (tangó, tangót, tangók, tangója)
salsa	salsa (salsa, salsát, salsák, salsája)
alphabet	ábécé (ábécé, ábécét, ábécék, ábécéje)
novel	regény (regény, regényt, regények, regénye)
text	szöveg (szöveg, szöveget, szövegek, szövege)
heading	címsor (címsor, címsort, címsorok, címsora)
character	karakter (karakter, karaktert, karakterek, karaktere)
letter (like a, b, c)	betű (betű, betűt, betűk, betűje)
content	tartalom (tartalom, tartalmat, tartalmak, tartalma)

1526 - 1550

photo album	**fotóalbum** (fotóalbum, fotóalbumot, fotóalbumok, fotóalbuma)
comic book	**képregény** (képregény, képregényt, képregények, képregénye)
sports ground	**sportpálya** (sportpálya, sportpályát, sportpályák, sportpályája)
dictionary	**szótár** (szótár, szótárat, szótárak, szótára)
term	**időszak** (időszak, időszakot, időszakok, időszaka)
notebook	**füzet** (füzet, füzetet, füzetek, füzete)
blackboard	**iskolai tábla** (tábla, táblát, táblák, táblája)
schoolbag	**iskolatáska** (iskolatáska, iskolatáskát, iskolatáskák, iskolatáskája)
school uniform	**iskolai egyenruha** (egyenruha, egyenruhát, egyenruhák, egyenruhája)
geometry	**geometria** (geometria, geometriát, geometriák, geometriája)
politics	**politika** (politika, politikát, politikák, politikája)
philosophy	**filozófia** (filozófia, filozófiát, filozófiák, filozófiája)
economics	**közgazdaságtan** (közgazdaságtan, közgazdaságtant, közgazdaságtanok, közgazdaságtana)
physical education	**testnevelés** (testnevelés, testnevelést, testnevelések, testnevelése)
biology	**biológia** (biológia, biológiát, biológiák, biológiája)
mathematics	**matematika** (matematika, matematikát, matematikák, matematikája)
geography	**földrajz** (földrajz, földrajzot, földrajzok, földrajza)
literature	**irodalom** (irodalom, irodalmat, irodalmak, irodalma)
Arabic	**arab** (arab, arabot, arabok, arabja)
German	**német** (német, németet, németek, némete)
Japanese	**japán** (japán, japánt, japánok, japána)
Mandarin	**mandarin** (mandarin, mandarint, mandarinok, mandarinja)
Spanish	**spanyol** (spanyol, spanyolt, spanyolok, spanyolja)
chemistry	**kémia** (kémia, kémiát, kémiák, kémiája)
physics	**fizika** (fizika, fizikát, fizikák, fizikája)

1551 - 1575

ruler	vonalzó (vonalzó, vonalzót, vonalzók, vonalzója)
rubber	radír (radír, radírt, radírok, radírja)
scissors	olló (olló, ollót, ollók, ollója)
adhesive tape	ragasztószalag (ragasztószalag, ragasztószalagot, ragasztószalagok, ragasztószalagja)
glue	ragasztó (ragasztó, ragasztót, ragasztók, ragasztója)
ball pen	golyóstoll (golyóstoll, golyóstollat, golyóstollak, golyóstollja)
paperclip	gemkapocs (gemkapocs, gemkapcsot, gemkapcsok, gemkapcsa)
100%	száz százalék
0%	nulla százalék
cubic meter	köbméter (köbméter, köbmétert, köbméterek, köbméterje)
square meter	négyzetméter (négyzetméter, négyzetmétert, négyzetméterek, négyzetmétere)
mile	mérföld (mérföld, mérföldet, mérföldek, mérföldje)
meter	méter (méter, métert, méterek, métere)
decimeter	deciméter (deciméter, decimétert, deciméterek, decimétere)
centimeter	centiméter (centiméter, centimétert, centiméterek, centimétere)
millimeter	milliméter (milliméter, millimétert, milliméterek, millimétere)
addition	összeadás (összeadás, összeadást, összeadások, összeadása)
subtraction	kivonás (kivonás, kivonást, kivonások, kivonása)
multiplication	szorzás (szorzás, szorzást, szorzások, szorzása)
division	osztás (osztás, osztást, osztások, osztása)
fraction	tört (tört, törtet, törtek, törtje)
sphere	gömb (gömb, gömböt, gömbök, gömbje)
width	szélesség (szélesség, szélességet, szélességek, szélessége)
height	magasság (magasság, magasságot, magasságok, magassága)
volume	térfogat (térfogat, térfogatot, térfogatok, térfogata)

1576 - 1600

curve	görbe (görbe, görbét, görbék, görbéje)
angle	szög (szög, szöget, szögek, szöge)
straight line	egyenes (egyenes, egyenest, egyenesek, egyenese)
pyramid	piramis (piramis, piramist, piramisok, piramisa)
cube	kocka (kocka, kockát, kockák, kockája)
rectangle	téglalap (téglalap, téglalapot, téglalapok, téglalapja)
triangle	háromszög (háromszög, háromszöget, háromszögek, háromszöge)
radius	sugár (sugár, sugarat, sugarak, sugara)
watt	watt (watt, wattot, wattok, wattja)
ampere	amper (amper, ampert, amperek, ampere)
volt	volt (volt, voltot, voltok, voltja)
force	erő (erő, erőt, erők, ereje)
liter	liter (liter, litert, literek, litere)
milliliter	milliliter (milliliter, millilitert, milliliterek, millilitere)
ton	tonna (tonna, tonnát, tonnák, tonnája)
kilogram	kilogramm (kilogramm, kilogrammot, kilogrammok, kilogrammja)
gram	gramm (gramm, grammot, grammok, grammja)
magnet	mágnes (mágnes, mágnest, mágnesek, mágnese)
microscope	mikroszkóp (mikroszkóp, mikroszkópot, mikroszkópok, mikroszkópja)
funnel	tölcsér (tölcsér, tölcsért, tölcsérek, tölcsére)
laboratory	laboratórium (laboratórium, laboratóriumot, laboratóriumok, laboratóriuma)
canteen	étkezde (étkezde, étkezdét, étkezdék, étkezdéje)
lecture	előadás (előadás, előadást, előadások, előadása)
scholarship	ösztöndíj (ösztöndíj, ösztöndíjat, ösztöndíjak, ösztöndíja)
diploma	diploma (diploma, diplomát, diplomák, diplomája)

1601 - 1625

lecture theatre	előadóterem (előadóterem, előadótermet, előadótermek, előadóterme)
3.4	három egész négy
3 to the power of 5	három az ötödiken
4 / 2	négy osztva kettővel
1 + 1 = 2	egy meg egy egyenlő kettővel
full stop	pont (pont, pontot, pontok, pontja)
6³	hat a köbön
4²	négy a négyzeten
contact@pinhok.com	kontakt kukac pinhok pont kom
&	és
/	per jel (jel, jelt, jelek, jele)
()	zárójel (zárójel, zárójelet, zárójelek, zárójele)
semicolon	pontosvessző (pontosvessző, pontosvesszőt, pontosvesszők, pontosvesszője)
comma	vessző (vessző, vesszőt, vesszők, vesszője)
colon	kettőspont (kettőspont, kettőspontot, kettőspontok, kettőspontja)
www.pinhok.com	www pont pinhok pont kom
underscore	aláhúzás (aláhúzás, aláhúzást, aláhúzások, aláhúzása)
hyphen	kötőjel (kötőjel, kötőjelet, kötőjelek, kötőjele)
3 - 2	három mínusz kettő
apostrophe	aposztróf (aposztróf, aposztrófot, aposztrófok, aposztrófja)
2 x 3	kétszer három
1 + 2	egy meg kettő
exclamation mark	felkiáltójel (felkiáltójel, felkiáltójelt, felkiáltójelek, felkiáltójele)
question mark	kérdőjel (kérdőjel, kérdőjelet, kérdőjelek, kérdőjele)
space	szóköz (szóköz, szóközt, szóközök, szóköze)

1626 - 1650

soil	föld (föld, földet, földek, földje)
lava	láva (láva, lávát, lávák, lávája)
coal	szén (szén, szenet, szenek, szene)
sand	homok (homok, homokot, homokok, homokja)
clay	agyag (agyag, agyagot, agyagok, agyagja)
rocket	rakéta (rakéta, rakétát, rakéták, rakétája)
satellite	műhold (műhold, műholdat, műholdak, műholdja)
galaxy	galaxis (galaxis, galaxist, galaxisok, galaxisa)
asteroid	kisbolygó (kisbolygó, kisbolygót, kisbolygók, kisbolygója)
continent	kontinens (kontinens, kontinenst, kontinensek, kontinense)
equator	egyenlítő (egyenlítő, egyenlítőt, egyenlítők, egyenlítője)
South Pole	Déli-sark (Déli-sark, Déli-sarkot, Déli-sarkok, Déli-sarka)
North Pole	Északi-sark (Északi-sark, Északi-sarkot, Északi-sarkok, Északi-sarka)
stream	patak (patak, patakot, patakok, patakja)
rainforest	esőerdő (esőerdő, esőerdőt, esőerdők, esőerdője)
cave	barlang (barlang, barlangot, barlangok, barlangja)
waterfall	vízesés (vízesés, vízesést, vízesések, vízesése)
shore	part (part, partot, partok, partja)
glacier	gleccser (gleccser, gleccsert, gleccserek, gleccsere)
earthquake	földrengés (földrengés, földrengést, földrengések, földrengése)
crater	kráter (kráter, krátert, kráterek, krátere)
volcano	vulkán (vulkán, vulkánt, vulkánok, vulkánja)
canyon	kanyon (kanyon, kanyont, kanyonok, kanyonja)
atmosphere	légkör (légkör, légkört, légkörök, légköre)
pole	sarkpont (sarkpont, sarkpontot, sarkpontok, sarkpontja)

1651 - 1675

12 °C	tizenkét Celsius-fok
0 °C	nulla Celsius-fok
-2 °C	mínusz két Celsius-fok
Fahrenheit	Fahrenheit (Fahrenheit, Fahrenheitet, Fahrenheitek, Fahrenheitje)
centigrade	Celsius (Celsius, Celsiust, Celsiusok, Celsiusa)
tornado	tornádó (tornádó, tornádót, tornádók, tornádója)
flood	árvíz (árvíz, árvizet, árvizek, árvize)
fog	köd (köd, ködöt, ködök, ködje)
rainbow	szivárvány (szivárvány, szivárványt, szivárványok, szivárványa)
thunder	mennydörgés (mennydörgés, mennydörgést, mennydörgések, mennydörgése)
lightning	villám (villám, villámot, villámok, villámja)
thunderstorm	zivatar (zivatar, zivatart, zivatarok, zivatara)
temperature	hőmérséklet (hőmérséklet, hőmérsékletet, hőmérsékletek, hőmérséklete)
typhoon	tájfun (tájfun, tájfunt, tájfunok, tájfuna)
hurricane	hurrikán (hurrikán, hurrikánt, hurrikánok, hurrikánja)
cloud	felhő (felhő, felhőt, felhők, felhője)
sunshine	napsütés (napsütés, napsütést, napsütések, napsütése)
bamboo (plant)	bambusz (bambusz, bambuszt, bambuszok, bambusza)
palm tree	pálmafa (pálmafa, pálmafát, pálmafák, pálmafája)
branch	ág (ág, ágat, ágak, ága)
leaf	levél (levél, levelet, levelek, levele)
root	gyökér (gyökér, gyökeret, gyökerek, gyökere)
trunk	törzs (törzs, törzset, törzsek, törzse)
cactus	kaktusz (kaktusz, kaktuszt, kaktuszok, kaktusza)
sunflower	napraforgó (napraforgó, napraforgót, napraforgók, napraforgója)

1676 - 1700

seed	mag (mag, magot, magok, magja)
blossom	virágzás (virágzás, virágzást, -, virágzása)
stalk	szár (szár, szárat, szárak, szára)
plastic	műanyag (műanyag, műanyagot, műanyagok, műanyaga)
carbon dioxide	szén-dioxid (szén-dioxid, szén-dioxidot, szén-dioxidok, szén-dioxidja)
solid	szilárd anyag (anyag, anyagot, anyagok, anyaga)
fluid	folyadék (folyadék, folyadékot, folyadékok, folyadéka)
atom	atom (atom, atomot, atomok, atomja)
iron	vas (vas, vasat, vasak, vasa)
oxygen	oxigén (oxigén, oxigént, oxigénnek, oxigénje)
flip-flops	strandpapucsok (strandpapucs, strandpapucsot, strandpapucsok, strandpapucsa)
leather shoes	bőrcipők (bőrcipő, bőrcipőt, bőrcipők, bőrcipője)
high heels	magassarkú (magassarkú, magassarkút, magassarkúk, magassarkúja)
trainers	edzőcipők (edzőcipő, edzőcipőt, edzőcipők, edzőcipője)
raincoat	esőkabát (esőkabát, esőkabátot, esőkabátok, esőkabátja)
jeans	farmernadrág (farmernadrág, farmernadrágot, farmernadrágok, farmernadrágja)
skirt	szoknya (szoknya, szoknyát, szoknyák, szoknyája)
shorts	rövid nadrág (nadrág, nadrágot, nadrágok, nadrágja)
pantyhose	harisnyanadrág (harisnyanadrág, harisnyanadrágot, harisnyanadrágok, harisnyanadrágja)
thong	tanga (tanga, tangát, tangák, tangája)
panties	bugyi (bugyi, bugyit, bugyik, bugyija)
crown	korona (korona, koronát, koronák, koronája)
tattoo	tetoválás (tetoválás, tetoválást, tetoválások, tetoválása)
sunglasses	napszemüveg (napszemüveg, napszemüveget, napszemüvegek, napszemüvege)
umbrella	esernyő (esernyő, esernyőt, esernyők, esernyője)

earring	**fülbevaló** (fülbevaló, fülbevalót, fülbevalók, fülbevalója)
necklace	**nyaklánc** (nyaklánc, nyakláncot, nyakláncok, nyaklánca)
baseball cap	**baseball sapka** (sapka, sapkát, sapkák, sapkája)
belt	**öv** (öv, övet, övek, öve)
tie	**nyakkendő** (nyakkendő, nyakkendőt, nyakkendők, nyakkendője)
knit cap	**kötött sapka** (sapka, sapkát, sapkák, sapkája)
scarf	**sál** (sál, sálat, sálak, sála)
glove	**kesztyű** (kesztyű, kesztyűt, kesztyűk, kesztyűje)
swimsuit	**fürdőruha** (fürdőruha, fürdőruhát, fürdőruhák, fürdőruhája)
bikini	**bikini** (bikini, bikinit, bikinik, bikinije)
swim trunks	**úszónadrág** (úszónadrág, úszónadrágot, úszónadrágok, úszónadrágja)
swim goggles	**úszószemüveg** (úszószemüveg, úszószemüveget, úszószemüvegek, úszószemüvege)
barrette	**hajcsat** (hajcsat, hajcsatot, hajcsatok, hajcsatja)
brunette	**barna**
blond	**szőke**
bald head	**kopasz fej** (fej, fejet, fejek, feje)
straight (hair)	**egyenes**
curly	**göndör**
button	**gomb** (gomb, gombot, gombok, gombja)
zipper	**cipzár** (cipzár, cipzárat, cipzárak, cipzárja)
sleeve	**ingujj** (ingujj, ingujjat, ingujjak, ingujja)
collar	**gallér** (gallér, gallért, gallérok, gallérja)
polyester	**poliészter** (poliészter, poliésztert, poliészterek, poliészterje)
silk	**selyem** (selyem, selymet, selymek, selyme)
cotton	**pamut** (pamut, pamutot, pamutok, pamutja)

1726 - 1750

wool	gyapjú (gyapjú, gyapjút, gyapjúk, gyapja)
changing room	öltöző (öltöző, öltözőt, öltözők, öltözője)
face mask	arcpakolás (arcpakolás, arcpakolást, arcpakolások, arcpakolása)
perfume	parfüm (parfüm, parfümöt, parfümök, parfüme)
tampon	tampon (tampon, tampont, tamponok, tamponja)
nail scissors	körömolló (körömolló, körömollót, körömollók, körömollója)
nail clipper	körömcsipesz (körömcsipesz, körömcsipeszt, körömcsipeszek, körömcsipesze)
hair gel	hajzselé (hajzselé, hajzselét, hajzselék, hajzseléje)
shower gel	tusfürdő (tusfürdő, tusfürdőt, tusfürdők, tusfürdője)
condom	óvszer (óvszer, óvszert, óvszerek, óvszere)
shaver	villanyborotva (villanyborotva, villanyborotvát, villanyborotvák, villanyborotvája)
razor	borotva (borotva, borotvát, borotvák, borotvája)
sunscreen	naptej (naptej, naptejet, naptejek, napteje)
face cream	arckrém (arckrém, arckrémet, arckrémek, arckréme)
brush (for cleaning)	kefe (kefe, kefét, kefék, keféje)
nail polish	körömlakk (körömlakk, körömlakkot, körömlakkok, körömlakkja)
lip gloss	ajakfény (ajakfény, ajakfényt, ajakfények, ajakfénye)
nail file	körömreszelő (körömreszelő, körömreszelőt, körömreszelők, körömreszelője)
foundation	alapozó (alapozó, alapozót, alapozók, alapozója)
mascara	szempillafesték (szempillafesték, szempillafestéket, szempillafestékek, szempillafestéke)
eye shadow	szemhéjfesték (szemhéjfesték, szemhéjfestéket, szemhéjfestékek, szemhéjfestéke)
warranty	garancia (garancia, garanciát, garanciák, garanciája)
bargain	alkalmi vétel (vétel, vételt, vételek, vétele)
cash register	pénztár (pénztár, pénztárt, pénztárak, pénztára)
basket	kosár (kosár, kosarat, kosarak, kosara)

shopping mall	**bevásárlóközpont** (bevásárlóközpont, bevásárlóközpontot, bevásárlóközpontok, bevásárlóközpontja)
pharmacy	**gyógyszertár** (gyógyszertár, gyógyszertárat, gyógyszertárak, gyógyszertára)
skyscraper	**felhőkarcoló** (felhőkarcoló, felhőkarcolót, felhőkarcolók, felhőkarcolója)
castle	**kastély** (kastély, kastélyt, kastélyok, kastélya)
embassy	**nagykövetség** (nagykövetség, nagykövetséget, nagykövetségek, nagykövetsége)
synagogue	**zsinagóga** (zsinagóga, zsinagógát, zsinagógák, zsinagógája)
temple	**templom** (templom, templomot, templomok, templomja)
factory	**gyár** (gyár, gyárat, gyárak, gyára)
mosque	**mecset** (mecset, mecsetet, mecsetek, mecsete)
town hall	**városháza** (városház, városházat, városházak, városháza)
post office	**posta** (posta, postát, posták, postája)
fountain	**szökőkút** (szökőkút, szökőkútat, szökőkútak, szökőkútja)
night club	**diszkó** (diszkó, diszkót, diszkók, diszkója)
bench	**pad** (pad, padot, padok, padja)
golf course	**golfpálya** (golfpálya, golfpályát, golfpályák, golfpályája)
football stadium	**futballstadion** (futballstadion, futballstadiont, futballstadionok, futballstadionja)
swimming pool (building)	**úszómedence** (úszómedence, úszómedencét, úszómedencék, úszómedencéje)
tennis court	**teniszpálya** (teniszpálya, teniszpályát, teniszpályák, teniszpályája)
tourist information	**turista információ** (információ, információt, információk, információja)
casino	**kaszinó** (kaszinó, kaszinót, kaszinók, kaszinója)
art gallery	**képtár** (képtár, képtárat, képtárak, képtárja)
museum	**múzeum** (múzeum, múzeumot, múzeumok, múzeuma)
national park	**nemzeti park** (park, parkot, parkok, parkja)
tourist guide	**idegenvezető** (idegenvezető, idegenvezetőt, idegenvezetők, idegenvezetője)

souvenir   **ajándéktárgy** (ajándéktárgy, ajándéktárgyat, ajándéktárgyak, ajándéktárgya)

1776 - 1800

alley	sikátor (sikátor, sikátort, sikátorok, sikátora)
dam	gát (gát, gátat, gátak, gátja)
steel	acél (acél, acélt, -, acélja)
crane	daru (daru, darvat, darvak, darva)
concrete	beton (beton, betont, betonok, betonja)
scaffolding	állványzat (állványzat, állványzatot, állványzatok, állványzata)
brick	tégla (tégla, téglát, téglák, téglája)
paint	festék (festék, festéket, festékek, festéke)
nail	szög (szög, szöget, szögek, szöge)
screwdriver	csavarhúzó (csavarhúzó, csavarhúzót, csavarhúzók, csavarhúzója)
tape measure	mérőszalag (mérőszalag, mérőszalagot, mérőszalagok, mérőszalagja)
pincers	harapófogó (harapófogó, harapófogót, harapófogók, harapófogója)
hammer	kalapács (kalapács, kalapácsot, kalapácsok, kalapácsa)
drilling machine	fúrógép (fúrógép, fúrógépet, fúrógépek, fúrógépe)
aquarium	akvárium (akvárium, akváriumot, akváriumok, akváriumja)
water slide	vízi csúszda (csúszda, csúszdát, csúszdák, csúszdája)
roller coaster	hullámvasút (hullámvasút, hullámvasutat, hullámvasutak, hullámvasútja)
water park	csúszdapark (csúszdapark, csúszdaparkot, csúszdaparkok, csúszdaparkja)
zoo	állatkert (állatkert, állatkertet, állatkertek, állatkertje)
playground	játszótér (játszótér, játszóteret, játszóterek, játszótere)
slide	csúszda (csúszda, csúszdát, csúszdák, csúszdája)
swing	hinta (hinta, hintát, hinták, hintája)
sandbox	homokozó (homokozó, homokozót, homokozók, homokozója)
helmet	sisak (sisak, sisakot, sisakok, sisakja)
uniform	egyenruha (egyenruha, egyenruhát, egyenruhák, egyenruhája)

1801 - 1825

fire (emergency)	tűzeset (tűzeset, tűzesetet, tűzesetek, tűzesete)
emergency exit (in building)	vészkijárat (vészkijárat, vészkijáratot, vészkijáratok, vészkijárata)
fire alarm	tűzjelző (tűzjelző, tűzjelzőt, tűzjelzők, tűzjelzője)
fire extinguisher	tűzoltó készülék (készülék, készüléket, készülékek, készüléke)
police station	rendőrállomás (rendőrállomás, rendőrállomást, rendőrállomások, rendőrállomása)
state	állam (állam, államot, államok, állama)
region	régió (régió, régiót, régiók, régiója)
capital	főváros (főváros, fővárost, fővárosok, fővárosa)
visitor	látogató (látogató, látogatót, látogatók, látogatója)
emergency room	sürgősségi (sürgősségi, sürgősségit, sürgősségik, sürgősségije)
intensive care unit	intenzív osztály (osztály, osztályt, osztályok, osztálya)
outpatient	járóbeteg (járóbeteg, járóbeteget, járóbetegek, járóbetege)
waiting room	váróterem (váróterem, várótermet, várótermek, váróterme)
aspirin	aszpirin (aszpirin, aszpirint, aszpirinek, aszpirinje)
sleeping pill	altató tabletta (tabletta, tablettát, tabletták, tablettája)
expiry date	lejárati dátum (dátum, dátumot, dátumok, dátuma)
dosage	dózis (dózis, dózist, dózisok, dózisa)
cough syrup	köhögés elleni gyógyszer (gyógyszer, gyógyszert, gyógyszerek, gyógyszere)
side effect	mellékhatás (mellékhatás, mellékhatást, mellékhatások, mellékhatása)
insulin	inzulin (inzulin, inzulint, inzulinok, inzulinja)
powder	por (por, port, porok, pora)
capsule	kapszula (kapszula, kapszulát, kapszulák, kapszulája)
vitamin	vitamin (vitamin, vitamint, vitaminok, vitaminja)
infusion	infúzió (infúzió, infúziót, infúziók, infúziója)
painkiller	fájdalomcsillapító (fájdalomcsillapító, fájdalomcsillapítót, fájdalomcsillapítók, fájdalomcsillapítója)

antibiotics	**antibiotikum** (antibiotikum, antibiotikumot, antibiotikumok, antibiotikuma)
inhaler	**inhalálókészülék** (inhalálókészülék, inhalálókészüléket, inhalálókészülékek, inhalálókészüléke)
bacterium	**baktérium** (baktérium, baktériumot, baktériumok, baktériuma)
virus	**vírus** (vírus, vírust, vírusok, vírusa)
heart attack	**szívroham** (szívroham, szívrohamot, szívrohamok, szívrohama)
diarrhea	**hasmenés** (hasmenés, hasmenést, hasmenések, hasmenése)
diabetes	**cukorbetegség** (cukorbetegség, cukorbetegséget, cukorbetegségek, cukorbetegsége)
stroke	**agyvérzés** (agyvérzés, agyvérzést, agyvérzések, agyvérzése)
asthma	**asztma** (asztma, asztmát, asztmák, asztmája)
cancer	**rák** (rák, rákot, rákok, rákja)
nausea	**émelygés** (émelygés, émelygést, émelygések, émelygése)
flu	**influenza** (influenza, influenzát, influenzák, influenzája)
toothache	**fogfájás** (fogfájás, fogfájást, fogfájások, fogfájása)
sunburn	**leégés** (leégés, leégést, leégések, leégése)
poisoning	**mérgezés** (mérgezés, mérgezést, mérgezések, mérgezése)
sore throat	**torokfájás** (torokfájás, torokfájást, torokfájások, torokfájása)
hay fever	**szénanátha** (szénanátha, szénanáthát, szénanáthák, szénanáthája)
stomach ache	**gyomorfájás** (gyomorfájás, gyomorfájást, gyomorfájások, gyomorfájása)
infection	**fertőzés** (fertőzés, fertőzést, fertőzések, fertőzése)
allergy	**allergia** (allergia, allergiát, allergiák, allergiája)
cramp	**görcs** (görcs, görcsöt, görcsök, görcse)
nosebleed	**orrvérzés** (orrvérzés, orrvérzést, orrvérzések, orrvérzése)
headache	**fejfájás** (fejfájás, fejfájást, fejfájások, fejfájása)
spray	**spray** (spray, sprayt, sprayk, spraye)
syringe (tool)	**fecskendő** (fecskendő, fecskendőt, fecskendők, fecskendője)

1851 - 1875

needle	**tű** (tű, tűt, tűk, tűje)
dental brace	**fogszabályzó** (fogszabályzó, fogszabályzót, fogszabályzók, fogszabályzója)
crutch	**mankó** (mankó, mankót, mankók, mankója)
X-ray photograph	**röntgenfelvétel** (röntgenfelvétel, röntgenfelvételt, röntgenfelvételek, röntgenfelvétele)
ultrasound machine	**ultrahangkészülék** (ultrahangkészülék, ultrahangkészüléket, ultrahangkészülékek, ultrahangkészüléke)
plaster	**ragtapasz** (ragtapasz, ragtapaszt, ragtapaszok, ragtapasza)
bandage	**kötszer** (kötszer, kötszert, kötszerek, kötszere)
wheelchair	**kerekesszék** (kerekesszék, kerekesszéket, kerekesszékek, kerekesszéke)
blood test	**vérvizsgálat** (vérvizsgálat, vérvizsgálatot, vérvizsgálatok, vérvizsgálata)
cast	**gipszkötés** (gipszkötés, gipszkötést, gipszkötések, gipszkötése)
fever thermometer	**lázmérő** (lázmérő, lázmérőt, lázmérők, lázmérője)
pulse	**pulzus** (pulzus, pulzust, pulzusok, pulzusa)
injury	**sérülés** (sérülés, sérülést, sérülések, sérülése)
emergency	**vészhelyzet** (vészhelyzet, vészhelyzetet, vészhelyzetek, vészhelyzete)
concussion	**agyrázkódás** (agyrázkódás, agyrázkódást, agyrázkódások, agyrázkódása)
suture	**varrat** (varrat, varratot, varratok, varrata)
burn	**égés** (égés, égést, égések, égése)
fracture	**törés** (törés, törést, törések, törése)
meditation	**meditáció** (meditáció, meditációt, meditációk, meditációja)
massage	**masszázs** (masszázs, masszázst, masszázsok, masszázsa)
birth control pill	**fogamzásgátló tabletta** (tabletta, tablettát, tabletták, tablettája)
pregnancy test	**terhességi teszt** (teszt, tesztet, tesztek, tesztje)
tax	**adó** (adó, adót, adók, adója)
meeting room	**tárgyaló** (tárgyaló, tárgyalót, tárgyalók, tárgyalója)

business card   **névjegykártya** (névjegykártya, névjegykártyát, névjegykártyák, névjegykártyája)

1876 - 1900

IT	informatika (informatika, informatikát, informatikák, informatikája)
human resources	emberi erőforrások (erőforrás, erőforrást, erőforrások, erőforrása)
legal department	jogi osztály (osztály, osztályt, osztályok, osztálya)
accounting	könyvelés (könyvelés, könyvelést, könyvelések, könyvelése)
marketing	marketing (marketing, marketinget, marketingek, marketingje)
sales	eladás (eladás, eladást, eladások, eladása)
colleague	kolléga (kolléga, kollégát, kollégák, kollégája)
employer	munkaadó (munkaadó, munkaadót, munkaadók, munkaadója)
employee	alkalmazott (alkalmazott, alkalmazottat, alkalmazottak, alkalmazottja)
note (information)	jegyzet (jegyzet, jegyzetet, jegyzetek, jegyzete)
presentation	prezentáció (prezentáció, prezentációt, prezentációk, prezentációja)
folder (physical)	dosszié (dosszié, dossziét, dossziék, dossziéja)
rubber stamp	bélyegző (bélyegző, bélyegzőt, bélyegzők, bélyegzője)
projector	vetítőgép (vetítőgép, vetítőgépet, vetítőgépek, vetítőgépe)
text message	szöveges üzenet (üzlet, üzletet, üzletek, üzlete)
parcel	csomag (csomag, csomagot, csomagok, csomagja)
stamp	bélyeg (bélyeg, bélyeget, bélyegek, bélyege)
envelope	boríték (boríték, borítékot, borítékok, borítékja)
prime minister	miniszterelnök (miniszterelnök, miniszterelnököt, miniszterelnökök, miniszterelnöke)
pharmacist	gyógyszerész (gyógyszerész, gyógyszerészt, gyógyszerészek, gyógyszerésze)
firefighter	tűzoltó (tűzoltó, tűzoltót, tűzoltók, tűzoltója)
dentist	fogorvos (fogorvos, fogorvost, fogorvosok, fogorvosa)
entrepreneur	vállalkozó (vállalkozó, vállalkozót, vállalkozók, vállalkozója)
politician	politikus (politikus, politikust, politikusok, politikusa)
programmer	programozó (programozó, programozót, programozók, programozója)

1901 - 1925

stewardess	légiutas kísérő (légiutas kísérő, légiutas kísérőt, légiutas kísérők, légiutas kísérője)
scientist	tudós (tudós, tudóst, tudósok, tudósa)
kindergarten teacher	óvónő (óvónő, óvónőt, óvónők, óvónője)
architect	építész (építész, építészt, építészek, építésze)
accountant	könyvelő (könyvelő, könyvelőt, könyvelők, könyvelője)
consultant	tanácsadó (tanácsadó, tanácsadót, tanácsadók, tanácsadója)
prosecutor	ügyész (ügyész, ügyészt, ügyészek, ügyésze)
general manager	főigazgató (főigazgató, főigazgatót, főigazgatók, főigazgatója)
bodyguard	testőr (testőr, testőrt, testőrök, testőre)
landlord	háziúr (háziúr, háziurat, háziurak, háziura)
conductor	kalauz (kalauz, kalauzt, kalauzok, kalauza)
waiter	pincér (pincér, pincért, pincérek, pincére)
security guard	biztonsági őr (őr, őrt, őrök, őrje)
soldier	katona (katona, katonát, katonák, katonája)
fisherman	halász (halász, halászt, halászok, halásza)
cleaner	takarító (takarító, takarítót, takarítók, takarítója)
plumber	vízvezeték szerelő (szerelő, szerelőt, szerelők, szerelője)
electrician	villanyszerelő (villanyszerelő, villanyszerelőt, villanyszerelők, villanyszerelője)
farmer	gazda (gazda, gazdát, gazdák, gazdája)
receptionist	recepciós (recepciós, recepcióst, recepciósok, recepciósa)
postman	postás (postás, postást, postások, postása)
cashier	pénztáros (pénztáros, pénztárost, pénztárosok, pénztárosa)
hairdresser	fodrász (fodrász, fodrászt, fodrászok, fodrásza)
author	író (író, írót, írók, írója)
journalist	újságíró (újságíró, újságírót, újságírók, újságírója)

1926 - 1950

photographer	fényképész (fényképész, fényképészt, fényképészek, fényképésze)
thief	tolvaj (tolvaj, tolvajt, tolvajok, tolvaja)
lifeguard	vizimentő (vizimentő, vizimentőt, vizimentők, vizimentője)
singer	énekes (énekes, énekest, énekesek, énekese)
musician	zenész (zenész, zenészt, zenészek, zenésze)
actor	színész (színész, színészt, színészek, színésze)
reporter	riporter (riporter, riportert, riporterek, riportere)
coach (sport)	edző (edző, edzőt, edzők, edzője)
referee	játékvezető (játékvezető, játékvezetőt, játékvezetők, játékvezetője)
folder (computer)	mappa (mappa, mappát, mappák, mappája)
browser	böngésző (böngésző, böngészőt, böngészők, böngészője)
network	hálózat (hálózat, hálózatot, hálózatok, hálózata)
smartphone	okostelefon (okostelefon, okostelefont, okostelefonok, okostelefonja)
earphone	fülhallgató (fülhallgató, fülhallgatót, fülhallgatók, fülhallgatója)
mouse (computer)	egér (egér, egeret, egerek, egere)
keyboard (computer)	billentyűzet (billentyűzet, billentyűzetet, billentyűzetek, billentyűzete)
hard drive	merevlemez (merevlemez, merevlemezt, merevlemezek, merevlemeze)
USB stick	USB kulcs (kulcs, kulcsot, kulcsok, kulcsa)
scanner	szkenner (szkenner, szkennert, szkennerek, szkennere)
printer	nyomtató (nyomtató, nyomtatót, nyomtatók, nyomtatója)
screen (computer)	képernyő (képernyő, képernyőt, képernyők, képernyője)
laptop	laptop (laptop, laptopot, laptopok, laptopja)
fingerprint	ujjlenyomat (ujjlenyomat, ujjlenyomatot, ujjlenyomatok, ujjlenyomata)
suspect	gyanúsított (gyanúsított, gyanúsítottat, gyanúsítottak, gyanúsítottja)
defendant	vádlott (vádlott, vádlottat, vádlottak, vádlottja)

1951 - 1975

investment	**befektetés** (befektetés, befektetést, befektetések, befektetése)
stock exchange	**tőzsde** (tőzsde, tőzsdét, tőzsdék, tőzsdéje)
share	**részvény** (részvény, részvényt, részvények, részvénye)
dividend	**osztalék** (osztalék, osztalékot, osztalékok, osztaléka)
pound	**font** (font, fontot, fontok, fontja)
euro	**euró** (euró, eurót, eurók, eurója)
yen	**jen** (jen, jent, jenek, jenje)
yuan	**jüan** (jüan, jüant, jüanok, jüanja)
dollar	**dollár** (dollár, dollárt, dollárok, dollárja)
note (money)	**bankjegy** (bankjegy, bankjegyet, bankjegyek, bankjegye)
coin	**érme** (érme, érmét, érmék, érméje)
interest	**kamat** (kamat, kamatot, kamatok, kamata)
loan	**hitel** (hitel, hitelt, hitelek, hitele)
account number	**számlaszám** (számlaszám, számlaszámot, számlaszámok, számlaszámja)
bank account	**bankszámla** (bankszámla, bankszámlát, bankszámlák, bankszámlája)
world record	**világrekord** (világrekord, világrekordot, világrekordok, világrekordja)
stopwatch	**stopperóra** (stopperóra, stopperórát, stopperórák, stopperórája)
medal	**érem** (érem, érmet, érmek, érme)
cup (trophy)	**kupa** (kupa, kupát, kupák, kupája)
robot	**robot** (robot, robotot, robotok, robotja)
cable	**kábel** (kábel, kábelt, kábelek, kábelje)
plug	**csatlakozó** (csatlakozó, csatlakozót, csatlakozók, csatlakozója)
loudspeaker	**hangszóró** (hangszóró, hangszórót, hangszórók, hangszórója)
vase	**váza** (váza, vázát, vázák, vázája)
lighter	**öngyújtó** (öngyújtó, öngyújtót, öngyújtók, öngyújtója)

1976 - 2000

package	csomag (csomag, csomagot, csomagok, csomagja)
tin	konzervdoboz (konzervdoboz, konzervdobozt, konzervdobozok, konzervdoboza)
water bottle	vizesüveg (vizesüveg, vizesüveget, vizesüvegek, vizesüvege)
candle	gyertya (gyertya, gyertyát, gyertyák, gyertyája)
torch	zseblámpa (zseblámpa, zseblámpát, zseblámpák, zseblámpája)
cigarette	cigaretta (cigaretta, cigarettát, cigaretták, cigarettája)
cigar	szivar (szivar, szivart, szivarok, szivarja)
compass	iránytű (iránytű, iránytűt, iránytűk, iránytűje)
stockbroker	tőzsdeügynök (tőzsdeügynök, tőzsdeügynököt, tőzsdeügynökök, tőzsdeügynöke)
barkeeper	kocsmáros (kocsmáros, kocsmárost, kocsmárosok, kocsmárosa)
gardener	kertész (kertész, kertészt, kertészek, kertésze)
mechanic	szerelő (szerelő, szerelőt, szerelők, szerelője)
carpenter	ács (ács, ácsot, ácsok, ácsa)
butcher	hentes (hentes, hentest, hentesek, hentese)
priest	pap (pap, papot, papok, papja)
monk	szerzetes (szerzetes, szerzetest, szerzetesek, szerzetese)
nun	apáca (apáca, apácát, apácák, apácája)
dancer	táncos (táncos, táncost, táncosok, táncosa)
director	rendező (rendező, rendezőt, rendezők, rendezője)
camera operator	operatőr (operatőr, operatőrt, operatőrök, operatőre)
midwife	bába (bába, bábát, bábák, bábája)
lorry driver	kamionsofőr (kamionsofőr, kamionsofőrt, kamionsofőrök, kamionsofőrje)
tailor	szabó (szabó, szabót, szabók, szabója)
librarian	könyvtáros (könyvtáros, könyvtárost, könyvtárosok, könyvtárosa)
vet	állatorvos (állatorvos, állatorvost, állatorvosok, állatorvosa)

Made in the USA
Las Vegas, NV
18 February 2024

85940901R00049